Protocolos sobre la independencia del Reino de Navarra y sus relaciones con Francia

Ekin
Biblioteca de Cultura Vasca – Euskal Kultura Bilduma,
82

Xabier Irujo

Protocolos sobre la independencia del Reino de Navarra y sus relaciones con Francia

publicados por los
Estados Generales del
Reino de Navarra
en 1789

Ekin
Buenos Aires
2019

Biblioteca de Cultura Vasca
Euskal Kultura Bilduma, No. 82

Editorial Vasca Ekin Argitaletxea
Lizarrenea
C./ México 1880
Buenos Aires, CP. 1200
Argentina
Web: http://editorialvascaekin-ekinargitaletxea.blogspot.com/

Agradecemos la colaboración de la Biblioteca Nacional de Francia en la preparación y edición de este libro.

Primera edición. Segunda impresión.
Impreso en América.

ISBN-10 primera edición: 0996781064
ISBN-13 primera edición: 978-0996781060

Indice

No es una nueva constitución
ni nuevos derechos
lo que los Estados Generales
de su Reino de Navarra
piden a Su Majestad.
Pobres como son,
para poder ser felices y libres,
sus Gentes de Navarra
tan sólo necesitan ser
lo que han sido por más de mil años,
y preservar o recuperar los derechos
que sus predecesores han jurado guardar.

Prefacio

Luis XVI de Francia convocó los Estados Generales de Francia en 1789, los cuales se reunieron el 5 de mayo en la sala del *Hotel des menus plaisirs* de Versalles. No se habían reunido desde 1651. Los Estados estaban divididos en tres órdenes o estamentos, 308 diputados del clero, 285 de la nobleza y 621 del tercer estado en representación de las villas. El ambiente en la cámara era tenso, y tan solo un día después de la primera sesión el tercer estado adoptó el nombre de *Assemblée des comunes.*

El rey y sus ministros eran conscientes de la gravedad de la situación y del calamitoso estado del tesoro real, pero los monarcas estaban más atentos de la salud de su hijo Luis José, convaleciente, que fallecería un mes más tarde, el 4 de junio de 1789. En atención a la muerte del joven príncipe y con la esperanza de controlar los Estados Generales, Luis XVI ordenó el 20 de junio suspender las sesiones por dos meses en señal de duelo, y clausurar la sala del *Hotel des menus plaisirs.*

La actitud del rey generó una reacción entre los diputados del Tercer Estado que, habiéndose autoproclamado Asamblea Nacional el 17 de junio, se reunieron en el Tripot, un trinquete que a partir de esa fecha sería conocido como la sala del juego de pelota (*salle du Jeu de paume*). Se les unieron 149 representantes del clero y dos representantes de la nobleza. A propuesta del diputado Jean-Joseph Mounier, Jean-Baptiste-Pierre Bevière, diputado de París, redactó la fórmula del juramento de "nunca separarse y reunirse donde las circunstancias lo requieran, hasta que la constitución del Reino se establezca y se fortalezca sobre bases sólidas". Este texto fue leído por el diputado Jean-Sylvain Bailly, uno de los más afamados astrónomos de su época, autor de varios tratados sobre los satélites de Júpiter, y aprobado por aclamación.

El 22 de junio el rey clausuró la sala del juego de pelota y un día más tarde prohibió a los miembros de los dos primeros Estados reunirse con los diputados de las villas. Cuando los soldados enviados por el rey procedieron a dispersar a los diputados, el conde de Mirabeau exclamó "¡Ve y diles a los que te envían que estamos aquí por voluntad del pueblo y que no abandonaremos este lugar sino por la fuerza de las bayonetas!"

El 9 de julio el Tercer Estado proclamó la Asamblea nacional constituyente (*Assemblée nationale constituante*), lo cual representaba un nuevo órdago a la administración del Reino. Ese mismo día la mayor parte del clero y cincuenta nobles se sumaron a la Asamblea. En un último intento de controlar la situación, el rey ordenó traer a París a las tropas del conde de Broglie pero su presencia ocasionó una revuelta popular que culminó con la toma de la Bastilla el 14 de julio, en la cual tomó parte la recién creada Guardia Nacional.

Los Estados Generales de Navarra también fueron convocados para deliberar en el seno de los de la corona de Francia. Y la fórmula de llamamiento causó una gran agitación entre los representantes del Reino de Navarra por tres razones fundamentales. En primer lugar, la carta de convocatoria firmada por el rey estaba dirigida al senescal de Navarra cuando en virtud de la legislación del

Reino solo los Estados Generales podían deliberar sobre todo lo que concernía al interés general de Navarra y de su pueblo. Por otro lado, la carta de convocatoria *ordenaba y exigía* al senescal que reuniera a los habitantes de Navarra para proceder a la elección de diputados a los Estados Generales del Reino de Francia. Esto es, la carta y el reglamento anexo presuponían que Navarra está obligada a enviar diputados a los Estados Generales del Reino de Francia. Por último, en la carta informaba que los diputados navarros recibirían instrucciones y *poderes generales y suficientes* para proponer y aprobar en nombre de Navarra todos los asuntos que se discutieran en la Asamblea, incluida la instauración de un nuevo orden político, administrativo y fiscal.

A los ojos de los responsables de la administración del Reino y del conjunto del pueblo al que representaban, esta carta condenaba a Navarra a someterse a los dictámenes de los Estados Generales de Francia y a suscribir las leyes allí aprobadas. No obstante, Navarra nunca había conocido ningún otro poder legislativo ni ningún otro organismo de reforma de la administración que sus propias Cortes, los Estados Generales del Reino de Navarra.

Ante esta situación, el parlamento de Navarra organizó una comisión para el examen de esta cuestión con el fin de responder en un informe a tres cuestiones fundamentales:

1. ¿Es apropiado que los Estados Generales de Navarra envíen diputados a los Estados Generales de Francia?
2. Si así fuera, ¿en qué forma deben diputar?

3. ¿Cuál debe ser la naturaleza de los poderes que se otorguen a los dichos diputados?

Tal como registró Sorhouet, secretario del parlamento, en la memoria titulada *Extracto de los Registros de los Estados Generales del Reino de Navarra*, del 27 de marzo de 1789, la comisión parlamentaria consideró que la forma de convocatoria era, en lo que respectaba al Reino de Navarra, *irregular, ilegal e inconstitucional*, y consideró asimismo que debía protestar solemnemente contra cualquier convocatoria a los Estados Generales de Francia que no se dirigiera específicamente a los Estados Generales de Navarra, así como contra cualquier forma de diputar que no fuera determinada y propuesta por los mencionados Estados. Los comisionados ordenaron asimismo que su recomendación se notificase al teniente general del senescal, a instancias del síndico general de Reino, y ordenaron que fuese hecha pública, para lo cual debía ser traducida al idioma del país, el euskara, imprimida y distribuida en Navarra, "a fin de que todos los habitantes del Reino conozcan sus verdaderos intereses".

En carta al rey, hicieron saber a este lo que había determinado la comisión del parlamento navarro, expresando su malestar porque la asamblea francesa "pretende someter a Navarra a las deliberaciones de los Estados Generales de Francia, ya sea en materia de impuestos, de legislación o de administración, cuando nunca ha dependido con respecto a todas estas materias sino de las resoluciones de sus Estados Generales". Sorhouet precisó al rey que Luis XIV, actuando como Luis III de Navarra, había cometido el mismo error en 1649.

En aquella ocasión también protestaron y el rey reconoció en 1651 que los navarros tenían derecho a diputar o a no hacerlo, por lo que envió a Navarra una segunda convocatoria dirigida a los Estados Generales *invitándoles* a diputar. Y, *por no disgustar a los Estados* aclaró que eran libres de obrar a su discreción y como creyeran más conveniente y que, obviamente, gozaban del pleno derecho y la potestad legal de no diputar si lo consideraban más oportuno.

Luis XVI, Luis V de Navarra, también supo rectificar ante la protesta de los Estados Generales de Navarra y el 8 de abril de 1789 estos respondían al rey que su actitud había sido bien recibida, ya que tan solo dieciocho horas después de haber enviado la protesta, un servicio de mensajería hacía llegar la orden del rey de revocar la carta de convocatoria. El rey advirtió que se enviarían nuevas cartas a los Estados Generales del Reino de Navarra *invitando* a los navarros a participar en la forma que considerasen más oportuna, como había hecho su abuelo Luis III, otorgando a los Estados Generales la libertad de determinar la forma y los poderes de sus diputados, y de fijar los límites, restricciones y condiciones que considerasen necesarios para la preservación de sus leyes, derechos, usos y privilegios.

Los Estados de Navarra no podían autorizar a sus diputados a aceptar el voto de la Asamblea Nacional de Francia sobre la constitución, la legislación, la administración o los impuestos porque esto habría supuesto renunciar a la constitución e independencia de Navarra, al poder legislativo de sus Estados Generales y al derecho que detentaban los navarros de ser los únicos administradores de sus asuntos y de establecer sus propios impuestos. No obstante, dado que los debates de la Asamblea Nacional eran de gran relevancia para Navarra, podían acordar el envío de diputados a las sesiones de dicha asamblea con *voz consultiva.*

En palabras del síndico del Reino, Étienne Polverel, esto es todo lo que la prudencia permitía a los Estados Generales de Navarra. Y eso es lo que hicieron. Enviaron una delegación con poderes limitados, aunque Luis III y Luis V habían reconocido que tenían derecho a no diputar.

Una de las razones fundamentales de la convocatoria de los Estados Generales de Francia era corregir el déficit, proveer el gasto público y establecer un mejor orden en la administración de las finanzas. Los Estados Generales de Navarra determinaron que sus diputados podrían, sin comprometer la independencia de su país, "*deliberar* sobre este punto en la Asamblea Nacional de Francia porque era de interés común para ambas naciones" y porque "dos pueblos confederados tienen la facultad de deliberar juntos sobre sus intereses comunes, sin interferir con su independencia mutua". Autorizaron por tanto a esta delegación a detentar *voz deliberativa*, para tratar, discutir e incluso aprobar medidas encaminadas a proveer los medios de cubrir el déficit y regenerar el tesoro público, pero sin aprobar nuevos impuestos en Navarra, ya que esto era prerrogativa del parlamento navarro.

En todos los demás temas a tratar, esto es, cuestiones constitucionales, legislación, administración y, como he apuntado más arriba, impuestos, los Estados Generales de Navarra solo permitieron a sus diputados detentar *voz consultiva.*

Paralelamente, los dichos Estados dieron a sus diputados instrucciones para declarar ante la Asamblea Nacional de Francia tres asuntos urgentes:

1. Que Navarra estaba dispuesta a contribuir, en proporción a sus fuerzas, a las necesidades del Estado y a la liberación de la deuda pública, para lo cual era necesario saber cuál era el monto de esta deuda y el estado de las finanzas en Francia.
2. Que los Estados de Navarra deseaban que Francia se diera una constitución lo suficientemente sabia como para que Navarra algún día pudiese renunciar a la suya y unirse a Francia por lazos indisolubles, adoptando su régimen y sus leyes.
3. Que los Estados Generales alterarían el orden de sucesión a la Corona de Navarra, adoptando la ley sálica. Este auto, que nadie había pedido a los Estados Generales de Navarra y que solo ellos podían otorgar, era una garantía de la sinceridad de las Cortes de Navarra con respecto a Francia. No obstante, el auto no pudo ser presentado a la Asamblea Nacional porque antes debía ser aceptado por el rey de Navarra.

Por otro lado, los Estados Generales de Navarra ordenaron a sus diputados que se reunieran con el rey para deliberar sobre dos puntos urgentes en lo concerniente al Reino de Navarra. De una parte, las leyes del Reino precisaban que el rey debía jurar los fueros al inicio de su reinado. Luis V había prometido en 1776 hacer el mismo juramento que sus predecesores habían hecho en su advenimiento al trono pero había sido pospuesto por motivos económicos, bajo la excusa de ahorrarle a Navarra el oneroso gasto de organizar una diputación. Paralelamente, el Rey debía a Navarra la reparación por los agravios que se le habían hecho llegar en la primavera de 1789. En virtud de las leyes del Reino, los Estados Generales no debían ningún donativo al rey antes de la reparación de los agravios de modo que, cualquier medida que se adoptara en el seno de la Asamblea Nacional de Francia sobre el auxilio de Navarra a las arcas del tesoro francés, exigía la reparación de dichos agravios. En consecuencia, los Estados Generales de Navarra ordenaron a su diputación:

1. Recibir el juramento del rey.
2. Prestarle juramento en nombre del Reino de Navarra.
3. Presentar el cuaderno de agravios al rey y traerlo una vez reparados los agravios.
4. Presentarle el auto de abolición de la sucesión cognática y de aceptación de la sucesión agnática con respecto de la Corona de Navarra mediante la adopción de la ley sálica.

En un principio, los ministros de Luis V no vieron ningún inconveniente para suscribir el juramento pero finalmente expresaron que el rey no podía adoptarlo aun cuando esta fórmula se inspiraba en los juramentos de los antiguos reyes de Navarra. Para evitar las desafortunadas consecuencias que podría acarrear la negativa de realizar el juramento, la delegación de Navarra sustituyó la fórmula detallada que habían dictado los Estados Generales de Navarra por una más abreviada que preservaba igualmente todos los derechos de Navarra. Esta nueva fórmula obtuvo en un principio la aprobación de los ministros del rey pero, tan solo cuatro horas más tarde, surgieron nuevas dificultades.

Según explicaron a los diputados, el rey no negaba ni rehuía su deber de prestar a Navarra el juramento y por tanto su intención era hacerlo, pero solo cuando las circunstancias lo permitiesen.

En opinión de los ministros de la corona, el juramento de Luis V como rey de Navarra podría provocar inconvenientes ya que, si bien tanto el rey como sus ministros admitían que el Reino de Navarra no estaba unido al de Francia, el sentir de la Asamblea Nacional era otro. Pocos días más tarde, suscribieron esta misma idea y el consejo de ministros informó que estaban indecisos sobre el juramento "debido a que no estaban seguros de si, en el estado actual de las cosas, Navarra no estaría dispuesta a adherirse a los decretos de la Asamblea Nacional de Francia".

Esta duda solo se podía esclarecer mediante una nueva deliberación de los Estados Generales de Navarra. A solicitud de la diputación, el Rey ordenó que se convocara extraordinariamente a los Estados para deliberar sobre la adhesión o no adhesión de Navarra a los decretos de la Asamblea Nacional de Francia. Pero no se les dio tiempo para deliberar ya que fueron disueltos tres días después de su apertura.

La Asamblea Nacional de Francia ya había declarado, por medio de su decreto del 19 de junio, su derecho exclusivo de prescribir impuestos sobre todas *las provincias del Reino*, cualquiera que fuera la forma de su administración. El apelativo de *provincia de Francia* no era aplicable a Navarra, pero en la Asamblea Nacional no se concebía que "un país tan pequeño como Navarra pudiera aspirar a su independencia y a su estatus de Reino" y el propósito de sus diputados era aprobar una sola ley y una sola constitución para todos los súbditos del rey y que todos los países, sin distinción, estuvieran sujetos a los decretos de la Asamblea Nacional de Francia.

Los delegados y representantes de la Asamblea Nacional consideraron y dieron por sentado que la mera presencia de los diputados de Navarra y de Zuberoa significaba que ambos países formaban parte de Francia. Faltando a la cláusula imperativa de su mandato, fueron recibidos en una asamblea abierta y sin distinción de órdenes, aun cuando era obvio que los diputados navarros y los de Zuberoa tenían poderes limitados y detentaban tan sólo voz consultiva y, en lo concerniente al déficit, voz deliberativa. Ante esta situación, la mera presencia de los diputados navarros en la Asamblea Nacional comprometía la independencia, la constitución y los derechos del Reino. "Por tanto, no se les permitió presentarse; por mandato y en conciencia se les ordenó preservar la independencia, la constitución y los derechos de Navarra".

La Asamblea Nacional Constituyente aprobó una serie de decretos entre el 4 y el 11 de agosto de 1789 sobre la abolición del feudalismo, privilegios de clase y derechos señoriales que adquirió fuerza de ley en virtud de la promulgación de los mismos el 3 de noviembre siguiente. En virtud del artículo primero de los citados decretos, la Asamblea "destruye completamente el sistema feudal[1]".

---

1 Journal des décrets de l'Assemblée Nationale, Clouster imprimeur du roi, París, 1789, p. 96.

Además, en virtud del artículo 10, "una constitución nacional y la libertad pública son más ventajosos para las provincias que los privilegios que algunos disfrutaron, y cuyo sacrificio es necesario para la unión íntima de todas las partes del imperio, [por lo que] se declara que todos los privilegios particulares de las provincias, principados, países, cantones, ciudades y comunidades de habitantes, ya sean pecuniarios o de cualquier otra naturaleza, se eliminan sin recurso y permanecerán confundidos en el derecho común de todos los franceses[2]".

Este decreto suponía la disolución unilateral y a todas luces ilegal del conjunto del corpus legal de los tres estados vascos de Iparralde, esto es, los Países de Lapurdi y Zuberoa y el Reino de Navarra. La reacción no se hizo esperar, y tal como declaró Polverel, "¿han calculado la revolución que están preparando? ¿Saben que Navarra está obligada a sus Reyes solo en virtud del juramento mutuo? ¿Que el Rey de Navarra es proclamado y reconocido y que puede recibir el juramento de sus súbditos solo después de haberlo prestado él? ¿Saben que Carlos el Hermoso nunca fue proclamado ni reconocido como Rey de Navarra porque no quiso hacer este juramento? ¿Saben que los navarros, incluso después del juramento, pueden liberarse [de su obligación a obedecer al Rey] cada vez que este contraviene en un punto su juramento y que, además, [son conscientes de que] no le deben nada al Rey cuando este se niega a jurar? Sí, ellos saben todo esto; porque todo esto se explica en los juramentos de los antiguos reyes de Navarra, y en los

[2] Journal des décrets de l'Assemblée Nationale, Clouster imprimeur du roi, París, 1789, p. 120.

juramentos modernos de los Reyes de España a la alta Navarra, y en la fórmula de juramento que la Diputación presentó al Rey, y en una Memoria redactada por la Diputación. Y esta Memoria y estos juramentos fueron entregados al Ministro del Departamento el 31 de julio y el 5 de agosto de 1789".

En este sentido, los Estados Generales de Navarra, reunidos en Donibane Garazi entre el 19 y 22 de septiembre ordenaron la redacción de una Memoria dirigida a la Asamblea Nacional. La labor recayó en Étienne Polverel que formaba parte como jurista de la diputación que Navarra envió a Versalles. En 1784 había redactado la *Memoire á consulter et consultatión sur la Franc-Alleu du Royaume du Navarre*, trabajo por el cual se le había otorgado el título de nobleza de Navarra para él y para sus descendientes el 11 de mayo de 1785. Fue nombrado síndico de los Estados Generales de Navarra en Saint-Palais en 1789. Poverel redactó la Memoria de 356 páginas de los Estados Generales de Navarra ese mismo otoño de 1789 bajo el título de *Tableau de la Constitution du Royaume de Navarre et des Rapports avec la France* (*Informe sobre la Constitución del Reino de Navarra y sus relaciones con Francia*) y firmó como "abogado del Parlamento y miembro del Consejo de Administración del Reino de Navarra".

La Memoria de los Estados Generales de Navarra de 1789 dirigida a la Asamblea Nacional redactada por Poverel es uno de los documentos políticos más sobresalientes de la historia de Navarra. Polverel, en nombre de los Estados Generales y por tanto del propio Reino de Navarra, interpretó desde un punto de vista jurídico y político el régimen foral como la constitución de los países forales.

Sus argumentos fundamentales se resumen en veinte puntos:

1. Navarra es una nación libre y soberana. La nación es el pueblo de las dos Navarras que comparten el mismo origen que los habitantes de los Países de Lapurdi y Zuberoa.
2. Solo la nación es soberana y sus derechos están condensados en las leyes fundamentales del Reino, que son imprescriptibles: ningún rey tiene derecho a transgredirlos o a modificarlos. Polverel afirma que esto es un derecho fundamental de los navarros y que "sería muy extraño que la nación hubiera despreciado establecer y preservar para sí misma un derecho que consideraba tan importante para el descanso y la felicidad de los individuos". Tanto Polverel como Sorhouet, secretario de los Estados Generales de Navarra, subrayaron la relevancia del derecho de sobrecarta a este respecto ya que se preveía que los reyes o sus ministros atentasen contra los derechos de la nación. En consecuencia, la fórmula del juramento que los reyes de Navarra debían prestar antes de ser proclamados, establecía que si el rey contravenía alguno de los principios que había jurado, los Estados y el pueblo no tenían obligación de obedecerle, ya que esto significaría contravenir la ley. Por lo mismo, otra cláusula de la misma fórmula de juramento obligaba a los reyes a reparar "todos los agravios que hubiesen cometido, o pudiesen cometer, de mano de sus predecesores, de sus ministros o por sí mismos".

3. Los navarros siempre han sido un pueblo soberano y libre que, al amparo de sus leyes, no ha conocido tiranos ni gobiernos despóticos. El Reino de Navarra no fue fundado ni por conquistadores extranjeros ni mediante la usurpación de la soberanía por parte de los dirigentes de la nación. La Memoria, en la sección dedicada a las leyes fundamentales y a los bases de la monarquía navarra, expresa que "los navarros decidieron someterse a un rey, y eligieron a su primer rey libremente. Antes de elegirlo, establecieron sus leyes bajo el nombre de Fueros. Estas leyes existieron antes que el rey. Las leyes de la Monarquía y el Rey fueron obra de la nación. En 1685, los Estados tenían razones por tanto para afirmar *que el primer rey de Navarra fue la obra y la criatura de sus súbditos*. La expresión es dura, pero es una verdad histórica".
4. El Reino de Navarra es un estado independiente desde hace mil años. Polverel es muy explícito a este respecto en el capítulo segundo de su discurso preliminar sobre las pruebas de la independencia del Reino de Navarra al expresar que "la fundación del Reino de Navarra se remonta a principios del siglo VIII" y que, desde entonces "ha sido un Reino que ha subsistido por sí mismo e independiente", un estado soberano (*la Navarre existe aussi comme Royaume indépendant*).
5. El Reino de Navarra es un estado dividido en dos por conquista, esto es, por la ley de la fuerza y contraviniendo el derecho de gentes y las leyes del Reino de Navarra. En el *Informe sobre el proyecto para*

eliminar el título del Rey de Navarra, leído ante la Asamblea Nacional el 12 de octubre de 1789, Polverel expresa con toda nitidez que "Navarra se dividió en dos Reinos; uno injustamente poseído por los españoles; el otro, bajo la Casa de Albret, transmitido a Enrique IV por Juana de Albret, su madre. La Casa de Albret exigió persistentemente, pero sin éxito, la devolución de la alta Navarra. Enrique IV protestó formalmente en 1598, en virtud del Artículo 2.3 del Tratado de Vervins, contra toda prescripción y lapso de tiempo relacionado con [la pérdida de] la alta Navarra, y se reservó el derecho de proseguir realizando actuaciones judiciales. Luis XIV renovó esta demanda en 1659, por medio del artículo 89 del Tratado de los Pirineos". En opinión de Polverel, la usurpación de la alta Navarra por parte de Fernando el Católico era tan evidente "que los historiadores y publicistas españoles ni siquiera se atreven a justificarla".

6. A pesar de ello, Navarra nunca ha perdido su independencia y no forma ni ha formado parte de los reinos de Castilla o de Francia (*la France & la Navarre sont deux Royaumes indépendans*). Polverel subraya en su Memoria que, a pesar de la conquista y de la posterior división del Reino, ninguna de las dos Navarras dejó jamás de ser un estado independiente (*La Navarre est indépendante de la France*). Tal como se desprende del *Extracto de los Registros de los Estados Generales del Reino de Navarra* del 27 de marzo de 1789, "Navarra no es una Provincia del Reino de Francia, es un Reino aparte,

sujeto al Rey de Francia, pero distinto e independiente del Reino de Francia" (*La Navarre n'est point Province du Royaume de France, c'est un Royaume à part, soumis au Roi de France, mais distinct & indépendant du Royaume de France*). Idéntico principio rubrica Polverel en el discurso preliminar a la Memoria de los Estados Generales de Navarra al afirmar que "el Reino de Navarra nunca se ha unido legalmente a la corona de Francia. Por tanto, siempre ha seguido siendo un Reino separado e independiente del Reino de Francia".

En lo referente a la baja Navarra y el Edicto de Unión de 1620, Polverel afirmó a nombre de los Estados del Reino que el Reino de Navarra nunca dio su consentimiento a dicha unión del mes de octubre de 1620 sino que, muy por el contrario, los Estados Generales se reunieron el 3 de noviembre de 1620 y enviaron una delegación a Luis XIII para exigir que el dicho Edicto se declarase nulo y sin efecto, y perseveraron durante 169 años en su reivindicación. Y rubricó Polverel, "en conclusión, el Edicto de Unión nunca tuvo efecto alguno y Navarra siempre ha conservado su título de Reino. Luis XIII y sus sucesores siempre detentaron el título de *Reyes de Navarra* junto al de *Reyes de Francia.* Luis XIV reconoció esta distinción e independencia recíproca de los dos Reinos y la nulidad del Edicto de Unión cuando, respondiendo a los agravios que los Estados Generales de Navarra le presentaron en 1672, les prometió enviar en el futuro sus órdenes a Navarra por separado de cualquier otro país, e incluso por separado del Bearne, a pesar de que el Edicto de 1620 había unido a estas dos Soberanías en una sola Corte soberana".

Con respecto a la alta Navarra, el *Informe sobre el proyecto para eliminar el título del Rey de Navarra* del 12 de octubre es asimismo contundente al afirmar que "la alta Navarra, aunque conquistada por los españoles, aunque unida al Reino de Castilla por el consentimiento de sus Estados, no se considera una provincia del Reino de Castilla. Siempre ha sido un Reino independiente con respecto de Castilla, y subsistente por sí mismo. La unión se materializó solo bajo esta condición. Esto se llama unión *æque principaliter* [unión entre iguales]".

7. Sus reyes han detentado desde el año 824 el título de *Reyes de Navarra* y no responden al título de *Reyes de Castilla* o *Reyes de Francia.* Tal como expresa Polverel en el discurso preliminar, "mientras Navarra no se haya incorporado a Francia será un Reino separado e independiente del de Francia (*Royaume distinct & indépendant de celui de France*); y permanecerá bajo la corona de los descendientes de Enrique IV solo "con el título de *Reyes de Navarra*, y no en virtud del título de *Reyes de Francia*".
8. Por tanto, tal como expresa la Memoria, las armas del Reino de Navarra se deben utilizar en los sellos, en la moneda y en cualquier otro documento público del Reino. Y, cuando el Rey hiciera uso de las armas de Navarra fuera del Reino, "las armas del Reino de Navarra tienen siempre el primer rango después de las de Francia".

9. Los navarros no son ni franceses ni castellanos. La Memoria precisa que los navarros tienen carta de naturaleza, ya sea por nacimiento o por naturalización, y los que no la poseen deben ser considerados extranjeros en el Reino. Es por ello por lo que los navarros no pueden ni deben "ser incluidos bajo la denominación de franceses". Por lo mismo, el rey solo podía admitir hasta cinco extranjeros en la administración del Reino y todas las demás oficinas y oficios públicos debían entregarse a navarros, naturales o naturalizados. El derecho de naturalizar a los extranjeros pertenecía exclusivamente a los Estados Generales de Navarra y ningún navarro podía ser juzgado por tribunales extranjeros.
10. La soberanía del Reino de Navarra reside en la nación, representada por su parlamento, las Cortes o Estados Generales de Navarra. En virtud de la Memoria, los Estados Generales eran los únicos, verdaderos y legítimos representantes de la nación. En la carta enviada a Luis V, Sorhouet afirmaba que "en virtud de la Constitución del Reino de Navarra, el ejercicio de los derechos de la Nación se confía a sus Estados Generales". Asimismo, en el discurso preliminar a la Memoria, Polverel manifiesta que estos Estados Generales siempre conservaron dicho título y que, en consecuencia, constituían el organismo soberano de la nación navarra (*Corps de Nation*), y no un organismo dependiente de otra nación como la francesa o la castellana.

11. El rey es solo el administrador de los bienes de los dominios del Reino, que pertenecen a la nación y por tanto no están sujetos a ningún mal fuero ni a dominio señorial o feudal: la propiedad en Navarra es libre y quita (*propriété pleine & libre*) a lo cual Polverel denomina *propiedad absoluta*, o alodio (*franc-aleu*). Las propiedades reales, el dominio de la corona, se compone solo de lo que la nación ha otorgado graciosamente al rey que es solo el depositario y administrador de dichos bienes. En este sentido la Memoria es asimismo rotunda: "Dado que el Dominio de la Corona proviene de la Nación y le pertenece, depende de ella determinar los derechos, los atributos y las prerrogativas de este Dominio. Ningún otro tribunal tiene derecho a juzgar sobre este punto. (...) El carácter alodial de las tierras, que es de derecho natural, y que debería ser la ley universal de todos los Reinos es, por tanto, una de las leyes fundamentales de su Reino de Navarra. Los navarros deben contribuir al gasto público: esta es la obligación de todos los hombres unidos en sociedad. Pero corresponde a los Estados de Navarra fijar la cuota de la contribución, regular su forma, duración y condiciones; otorgan a sus Soberanos donativos voluntarios y no se puede establecer ningún impuesto en el Reino de Navarra sino por orden de los Estados". Y rubrica, "la Nación no le ha dado nada más al Rey. No le ha otorgado ningún derecho sobre las personas o sobre sus propiedades, ya se trate de bienes particulares o de las Comunidades".

12. En consecuencia, ni el rey ni ninguna potencia extranjera tiene derecho a enajenar, unir o regalar en todo o en parte, las propiedades y el territorio del Reino. Y, tal como establece la Memoria, los reyes y reinas tenían obligación de jurar por fuero que nunca darían, venderían, enajenarían, intercambiarían, unirían, anexarían o incorporarían propiedades, bienes o tierras del Reino de Navarra en favor de un país extranjero y que, si así lo hicieran, este acto sería declarado nulo y sin efecto ni valor legal.
13. Por todo ello, cualquier cambio constitucional o dinástico en el Reino de Navarra tiene que ser propuesto, discutido y aprobado por las Cortes de Navarra. "En virtud del derecho de gentes o, mejor dicho, por la ley de la naturaleza, un rey no puede someter a su pueblo contra su voluntad a soberanía extranjera. En virtud de una de las leyes fundamentales del Reino de Navarra, el Rey no puede aprobar ninguna ley sin el consentimiento y la voluntad de los Estados Generales del Reino". Y rubrica en conclusión que, la incorporación de Navarra al Reino de Francia "solo puede hacerse con el consentimiento de la baja Navarra, y la baja Navarra aún no lo ha consentido".
14. Las Cortes de Navarra ni pueden ni deben enviar sus representantes a la Asamblea Nacional porque es el cuerpo legislativo de un país extranjero. Tal como se desprende de la Memoria de los Estados Generales, someterse a los dictámenes de la Asamblea Nacional y enviar diputados apoderados al parlamento de un país extranjero habría

supuesto ceder a dicho organismo las facultades soberanas de los Estados Generales de Navarra y, en consecuencia, la supresión del título de *Reino de Navarra* ya que, en virtud de su incorporación a Francia, los navarros renunciarían a sus leyes, a su constitución, a sus instituciones y, en definitiva, a su independencia.

15. Navarra no necesita una constitución porque ya tiene la suya: los fueros. Tal como expresó Sorohuet en el *Extracto de los Registros de los Estados Generales del Reino de Navarra* del 27 de marzo de 1789, el origen de los fueros de Navarra se remonta a la propia fundación del Reino, y dicha constitución no puede ser sino mejorada con el consentimiento de los órganos soberanos del Reino: "La Constitución es más antigua que la monarquía de Navarra porque los navarros establecieron esta constitución antes de darse un rey; y esta constitución ha sido reconocida, jurada y respetada por los reyes de Navarra durante más de novecientos años. Esta constitución, que el mismo Luis XIII y todos sus sucesores han jurado mantener y observar inviolablemente es una constitución que no podía ser derogada ya fuera por una serie de crímenes prolongados a lo largo de los siglos, por el silencio de los navarros o por cualquier acto de autoridad absoluta; no solo porque los derechos de las naciones son imprescriptibles, sino también porque se dice en los Fueros de Navarra que los Reyes nunca podrán empeorarlos. Es una constitución que [la alta] Navarra aún conserva en todo su vigor".

16. Los navarros tienen derecho a la identidad y a la felicidad y solo sus leyes garantizan su bienestar. En virtud del *Cuaderno de los Agravios presentados al Rey* compilado por Sorhouet, el autor es muy explícito al expresar que "Navarra desea ser independiente y preservar su constitución" porque al amparo de estas leyes el pueblo vivía bien y sus derechos, libertades y franquezas civiles y políticas, pero también económicas y culturales estaban aseguradas. Sorhouet expresa por tanto que la felicidad y bienestar de los navarros estriba en la estricta observancia y mantenimiento de sus fueros: "Su Majestad ha declarado solemnemente que desea restaurar a sus súbditos el ejercicio de todos sus derechos; los de Navarra no son inciertos ni equívocos. Se fundamentan en el título que le dio Reyes a Navarra, y este título primordial aún existe. A veces se ha reconocido y en otras ocasiones se ha violado, pero en cada nuevo reinado el juramento de los Reyes regeneraba la constitución y restauraba todas las franquicias y libertades de los navarros. Por tanto, no es una nueva constitución ni nuevos derechos lo que los Estados Generales de su Reino de Navarra piden a Su Majestad. Pobres como son, para poder ser felices y libres, sus Gentes de Navarra tan sólo necesitan ser lo que han sido por más de mil años, y preservar o recuperar los derechos que sus predecesores han jurado guardar, lo cual Su Majestad también ha prometido guardar y observar, en espera de hacer este mismo juramento".

17. La constitución de los navarros es más perfecta que aquella que tienen los franceses porque durante mil años los navarros han vivido bajo el imperio de la ley y al amparo de la tiranía. De hecho, no era el estado navarro el que necesitaba modificar su constitución para dar al pueblo los derechos que le correspondían en justicia, porque el pueblo navarro ya gozaba de ellos; no era el reino de Navarra quien requería auxilio financiero, porque las arcas del Reino estaban saneadas. No eran las gentes de Navarra las que auspiciaban una revolución, porque su pueblo vivía bien y en conformidad con sus leyes, usos, derechos y libertades desde hacía un milenio. En el discurso preliminar Polverel expresó que "Navarra tenía una buena constitución, mucho mejor que la de Carlomagno" que en su opinión era la mejor que había tenido Francia.
18. En consecuencia, los Estados Generales de Navarra no debían sacrificar la constitución de su país "cuando Francia no tenía nada que ofrecerles a cambio". En opinión de Polverel, la Asamblea Nacional aún no había suscrito un nuevo texto constitucional y era muy probable que nunca lo hiciera. Más aún, el autor expresó que lo más probable era que los franceses nunca fueran capaces de ofrecer a los navarros una constitución tan buena como la suya, por lo cual no había razón para renunciar a los fueros. En esta situación, lo más que Navarra podía proponer a la Asamblea Nacional era un tratado federal (*un traité fédératif*).

19. La lengua de los navarros es el euskara (*la langue du pays*). En el *Cuaderno de los Agravios presentados al* Rey Sorohuet declara en el artículo décimo que "los Súbditos de Lapurdi y de Zuberoa, como los Navarros, no entienden [otra lengua] ni hablan sino en euskara, lengua que no se conoce en Pau o en Burdeos". Es por esto que los Estados Generales de Navarra solicitaron al rey la creación de un tribunal de justicia para todos los súbditos vascos de su corona: "La vecindad y la identidad de origen e idioma facilitan el hecho de que estos tres pueblos se unan bajo un mismo Tribunal soberano [de justicia]."
20. Un estado que persigue la felicidad y el bienestar de sus súbditos no debería atentar contra las instituciones de ningún otro estado. Ninguna potencia tiene el derecho de obligar a un Reino independiente a abolir su título de Reino (*Aucune puissance n'a le droit de contraindre un Royaume indépendant à supprimer son titre de Royaume*), en consecuencia, explica Polverel en el *Informe sobre el proyecto para eliminar el título del Rey de Navarra* del 12 de octubre, "Francia conoce que cada pueblo puede únicamente imponer leyes sobre sus súbditos y su territorio, a diferencia del derecho de gentes que une a todos los pueblos entre sí. Francia conoce que un pueblo no puede someter a otro a sus leyes, excepto por derecho de conquista o por convención; que la baja Navarra nunca ha sido conquistada por Francia, y que nunca ha consentido que su soberanía esté sujeta a las leyes de Francia. Francia conoce que ninguna Corona, y

> la de Francia menos que las demás, tiene la prerrogativa de atraer, incorporar y unirse a un país extranjero y soberano".

En opinión del síndico del Reino, una nación soberana no tiene derecho sobre ninguna otra, porque la desigualdad de poder o la ley del más fuerte no debería destruir la reciprocidad de los derechos. En virtud de este autor, la Asamblea Nacional no debería desear que el rey de Francia abdicase a la Corona de Navarra ni debería exigirle que suprima el título de *Rey de Navarra*, ya que el derecho a gobernar Navarra pertenece al título de *Rey de Navarra*. Esto es, Luis era una única persona, pero actuaba como Luis XVI *de Francia* ante la Asamblea Nacional y como Luis V *de Navarra* ante los Estados Generales del Reino, de donde se desprende que cumplía dos responsabilidades diversas en dos países distintos. Y rubricó, "ninguna potencia tiene el derecho de obligar a un Reino independiente a abolir su título de Reino, ni a ser gobernado por un Soberano que no pueda tomar el título de Rey. Solo los Estados Generales de Navarra pueden dar un consentimiento válido a la unión. Solo ellos pueden cambiar el orden de sucesión de la Corona de Navarra. Solo ellos pueden transmitir a la Asamblea Nacional de Francia su poder legislativo sobre Navarra".

En opinión de Polverel era obvio que el derecho de gobernarse a sí misma a través de sus propias leyes e instituciones era más beneficioso para Navarra que el de ser gobernada por una Asamblea extranjera "donde contaría únicamente con cuatro votos frente a mil o a mil doscientos". Y adelantó asimismo que si los navarros renunciaban a su soberanía y se la entregaban a otro pueblo, este tarde o temprano los sometería a un plan de impuestos que, inspirado inapelablemente en las eternas necesidades de la administración de las finanzas, estableciera gabelas insoportables en Navarra.

En la *Carta de los Estados Generales del Reino de Navarra al Rey* los representantes del pueblo afirmaban que "Navarra tiene desde hace más de mil años una excelente Constitución. Francia aún no ha encontrado la suya", por lo que su incorporación al Reino de Francia iba en detrimento de los intereses de los navarros. Y, en consecuencia, concluía Polverel, "si Navarra se niega a unirse a Francia, y si el Rey y la Asamblea Nacional de Francia persisten en negar de un lado el juramento real y, del otro, el título de Rey de Navarra, lo digo a regañadientes, pero solo quedaría una solución: que Navarra se declare república independiente y se gobierne a sí misma. Tiene derecho a hacerlo".

Los Estados Generales de Navarra publicaron seis mil ejemplares del *Tableau de la Constitution du Royaume de Navarre et des Rapports avec la France* para su distribución entre la población del Reino y posiblemente también en París.

No obstante, en la sesión de la Asamblea Nacional del 8 de octubre se decretó que, en el preámbulo de las leyes, el rey tomaría el título de *Rey de los franceses* en lugar del de *Rey de Francia y de Navarra.* Eso suponía de facto la eliminación del título de *Rey de Navarra*, por lo que, a solicitud de los diputados navarros, la sesión se aplazó al lunes 12 de octubre para tratar en solemnidad sobre la cuestión de si el título de *Rey de Navarra* debía ser eliminado.

Fue en el curso de esta sesión cuando Polverel leyó la *Carta al presidente de la Asamblea Nacional de Francia* sobre la independencia del Reino de Navarra. En dicha carta se insistió en que la Asamblea Nacional no podía exigir la supresión del título de *Rey de Navarra* porque no tenía legitimidad para hacerlo y que esta supresión era desfavorable, gravosa y perjudicial para los intereses de los navarros, pero que era asimismo peligrosa para el rey e incluso para la nación francesa.

A pesar de los razonamientos de los diputados navarros, en palabras del propio Polverel, nunca se dio respuesta a los hechos, ni a los principios jurídicos, ni a las bases éticas de dicha Memoria; incluso cuando parecía que se había obtenido la mayoría de votos necesaria, la decisión de la Asamblea se mantuvo. Se dijo en aquella sesión del día 12 que no era "por las leyes constitucionales del Reino de Francia que Luis es Rey de Navarra" y que la fórmula, *Luis, por gracia de Dios, y por las leyes constitucionales del Reino de Francia, rey de los franceses, y por las leyes constitucionales del Reino de Navarra, rey de Navarra* era una repetición "malsonante". Por tanto, el título de *Rey de Navarra* fue suprimido.

Los Estados Generales de Navarra sostuvieron que tenían derecho de reunirse en junta sin la conformidad del rey para deliberar sobre cuatro asuntos urgentes e imprevistos:

1. El acto de despotismo ministerial que disolvió la reunión de los Estados Generales de Navarra que el rey había convocado extraordinariamente.
2. Sobre la negativa del rey a realizar el juramento real a los dichos Estados.

3. Sobre la supresión del título de *Rey de Navarra* en el seno de la Asamblea Nacional Constituyente.
4. Y, fundamentalmente, sobre la cuestión de la independencia del Reino de Navarra.

Las protestas del Reino tuvieron eco en Lapurdi y Zuberoa. Los diputados del País de Lapurdi, ante la pérdida de sus libertades seculares y de su independencia política, solicitaron que al menos se creara un departamento en el marco de la nueva organización administrativa del estado francés que agrupase a los vascos de Navarra, Lapurdi y Zuberoa. Pero el 11 de noviembre de 1789 el Reino de Francia fue dividido en departamentos y el 12 de enero de 1790 se creó el de los Bajos Pirineos en el que fueron integrados vascos y bearneses, que eran mayoría.

Los representantes de los Estados Generales de Navarra y sus diputados no vivían ya en el Siglo de la Luces. No era tiempo de defender las ideas con razonamientos jurídicos ni de escribir libros, y la Revolución muy pronto desembocó en una masacre que con posterioridad sería exportada en forma de guerra al resto de Europa. El 21 de septiembre de 1792 la monarquía fuera abolida, y el 21 de enero de 1793 Luis XVI fue condenado a muerte y ejecutado en la guillotina.

Bertrand de Barère, arquitecto de la campaña de genocidio en La Vendée, expresó el 27 de enero de 1794 que el pueblo vasco era un colectivo de fanáticos cuya cultura era preciso erradicar (*le fanatisme parle le basque*)[3].

---

[3] *Recueil de lois et règlemens concernant l'instruction publique, depuis l'edit de Henri IV en 1598 jusqu"à ce jour*, Brunot-Labbe, Paris, 1814, vol. 1, pp. 22-26.

Algo menos de dos meses después se ordenó la movilización de más de 4.000 civiles de varias poblaciones de Lapurdi y Navarra. Estas personas, a las que se prohibió llevar comida o ropa de abrigo, marcharon a pie en condiciones reprobables a varias iglesias de las Landas donde, separados los núcleos familiares, tuvieron que afrontar situaciones extremas que causaron la muerte de más de 1.600 personas[4].

Si bien el título de *Rey de Francia y de Navarra* había sido abolido, el partido monárquico continuó reclamando la restauración de ambos reinos y de sus títulos, por lo que muerto Luis XVI, el proceso contra la reina María Antonieta se abrió sin dilación el 14 de octubre de 1793. El tribunal dio menos de un día a la defensa para preparar el caso. El ministerio fiscal estaba representado por Antoine de Tinville, conocido por el pseudónimo de "el proveedor de la guillotina". Este basó el caso en una serie de menciones difamatorias publicadas con anterioridad en forma de *libelles* o pasquines. Entre las acusaciones, Tinville incluyó la de orquestar orgías en Versalles y la de incesto. En este sentido, el *enragé* Jacques Hébert obligó al hijo de Maria Antonieta, Luis Carlos, a declarar contra su madre, alegando que había sido forzado por ella y su tía a masturbarse delante de ellas y obligado a ejecutar ciertos ritos sexuales. El juicio, como todos los demás, se saldó en cuestión de horas con una sentencia de muerte y la ejecución de la reina dos días más tarde. Su cabeza fue utilizada por Marie Tussaud para hacer una máscara mortuoria.

---

[4] Goyhenetxe, Eukeni, *Historia de Iparralde: Desde los orígenes a nuestros días*, Txertoa, Donostia, 1985, p. 84.

Muertos ambos padres, la corona recaía en su hijo Luis Carlos que detentó el derecho al título de Rey de Francia y de Rey de Navarra entre la muerte de su padre en enero 1793 hasta su propia muerte en junio de 1795. En 1793 el delfín tenía ocho años de forma que posiblemente no era del todo consciente de lo que estaba ocurriendo a su alrededor. A principios de julio de 1793 el joven príncipe había sido puesto bajo la tutela del carcelero Antoine Simon. Según las memorias de su hermana Maria Teresa, Simon pretendió reeducar al menor en valores republicanos, propinándole constantes palizas y obligándole a ingerir grandes cantidades de alcohol. Tras haber sido obligado a declarar en contra de su madre, Luis rara vez volvió a hablar y fue confinado en solitario a partir de enero de 1794 hasta que, tras la reacción Termidoriana que finalizó con el reinado de terror del Comité de Salud Pública en el verano de 1794, fue visitado por el vizconde de Barras, miembro de la Convención Nacional. En virtud del testimonio de Barras, el niño presentaba un estado físico lamentable y desnutrición. A pesar de ello no fue puesto en libertad y murió el 8 de junio de 1795 en la prisión del Temple sin haber sido juzgado. El informe forense de Philippe-Jean Pelletan confirmó el mal estado de salud que sufría el menor, así como las marcas que cubrían su cuerpo que atribuyó a las palizas recibidas en prisión.

Luis XVIII de Francia fue el último monarca que gobernó con el título de *Rey de Navarra* entre 1815 y 1824. Pero entonces el título no tenía ningún significado político o jurídico ya que Navarra no existía como reino independiente y sus instituciones y su sistema legal habían desaparecido bajo el mandato *irregular, ilegal e ilegítimo* de una asamblea que, como había augurado Polverel, no fue capaz de dotar a su pueblo de una constitución.

Las únicas instituciones que sobrevivieron al Reino de Navarra fueron el color rojo de la escarapela revolucionaria y los bienes comunales de Amikuze, Baigorri, Oztibarre, Zize y Zuberoa. En 1838 se reconocieron oficialmente las comisiones sindicales para administrar estas tierras en virtud de la ordenanza del 3 de junio del emperador Luis Felipe sobre esta materia y, el tratado de límites de diciembre de 1856 regularizó las facerías que existían entre los distintos valles pirenaicos, desde el collado de Añalarra hasta la bahía de Txingudi. Las comisiones sindicales se agrupan hoy en la *Fédération des Commissions syndicales du Massif Pyrénéen.*

La alta Navarra sufrió idéntico atropello que el Reino de Navarra de ultrapuertos a partir de 1812 y, fundamentalmente, tras la aprobación de la ley de 16 de agosto de 1841 que desmanteló el Reino de Navarra y lo convirtió en una provincia del estado español tras siete años de guerra. Entonces, como antes había hecho Polverel, el síndico del Reino Ángel Sagaseta protestó oficialmente en nombre de las Cortes de Navarra y publicó un libro, *Fueros fundamentales del reino de Navarra: y defensa legal de los mismos* cuya primera edición de 1840 fue censurada.

El discurso de Sagaseta es idéntico en sus principios, alcance y significación al de Polverel: "Erigióse Navarra en Reino de por sí, en Monarquía moderada, constitucional, independiente y separada de los demás Reinos que se fueron formando (…). Navarra se mantuvo con sus privativos Reyes y peculiares Fueros, por el largo espacio de más de setecientos años. Fernando el Católico llegó al trono de Navarra, y juró los Fueros en el año 1512 (...). No obstante la unión, Navarra quedó Reino de por sí absolutamente independiente de los otros Reinos, y como existía antes de ella con sus propios Fueros, Leyes, Tribunales, Consejo y todos los demás denotantes de una separación omnímoda e independiente (...). Este es el verdadero estado legal a la muerte del señor don Fernando III de Navarra, VII de Castilla. (...) En el transcurso del tiempo se vieron despojados Aragón, Castilla y demás reinos de España de sus respectivas constituciones; sea por los motivos que sea, subsistió la constitución de Guipúzcoa, Álava, Vizcaya y la de Navarra. ¿Y será creíble que en un Gobierno liberal e ilustrado se le quite a Navarra su antiquísima constitución? ¿Será posible transformar el Reino más antiguo de la península de Reino de por sí en mera provincia, destruyendo su independiente Monarquía? No lo consiente la naturaleza del Gobierno representativo; repugna a sus principios esenciales; Gobiernos de esta clase jamás pueden separarse de la justicia; nunca atacan la libertad de otros Reinos, y si alguna vez lo intentan, consiste en no estar bien instruidos sobre la naturaleza y legitimidad de éstos; luego que se enteran las dejan ilesas y las respetan[5]".

Notas a la presente edición

La idea de publicar esta obra es original de Andrés Irujo quien propuso por vez primera en los años sesenta realizar una edición de las defensas de ambos Reinos de Navarra

[5] Sagaseta, Ángel, *Fueros fundamentales del Reino de Navarra y defensa legal de los mismos*, Imprenta de Francisco Erasun, Pamplona, 1840, pp. 11-13.

hechas por sus respectivos síndicos, Étienne Polverel y Ángel Sagaseta. Pero en los tiempos de la dictadura, cuando los libros de la colección Ekin tenían que ser introducidos en Euskadi a través de la muga de Arnegi y distribuidos de forma clandestina, el proyecto no pudo llevarse a cabo, sobre todo debido a las dificultades logísticas y financieras que sufría la editorial.

No obstante, Ekin ha retomado esta iniciativa debido a que la trascendencia de esta primera edición en castellano del *Tableau de la Constitution du Royaume de Navarre et des Rapports avec la France* no ha variado. El valor del manuscrito radica en el hecho que no es la obra de uno o dos autores, Polverel y Sorohuet, sino que dichos autores escriben bajo el mandato del parlamento de Navarra y en nombre del Reino de Navarra, como síndico y secretario del mismo respectivamente. En consecuencia, no se trata solo del discurso político de un destacado fuerista sino de la relación de la esencia política, estructura jurídica y derechos legales del Reino de Navarra ordenada hacer por el propio Reino y en su nombre. Es en definitiva un texto con fuerza legal en Navarra que los Estados Generales ordenaron escribir, publicar y distribuir para dar a conocer qué era Navarra y cuáles eran sus derechos históricos.

Originalmente, el *Tableau de la Constitution du Royaume de Navarre et des Rapports avec la France* (*Informe sobre la Constitución del Reino de Navarra y sus relaciones con Francia*) contiene cuatro secciones. La primera está constituida por el discurso preliminar de Etienne Polverel dividido en nueve apartados en los que el autor subraya los aspectos más relevantes en torno a la independencia del Reino y que incluimos en esta edición. Pertenecen a esta primera sección asimismo tres documentos capitales sobre esta misma materia, *Extracto de los Registros de los Estados Generales del Reino de Navarra realizado por M. Sorhouet, Secretario de los Estados Generales de Navarra, el 27 de marzo de 1789*, la *Muy humilde y muy respetuosa amonestación de los Estados Generales del Reino de Navarra al Rey del 4 de abril de 1789* y, la *Carta de los Estados Generales del Reino de Navarra al Rey del 8 de abril de 1789*.

Posteriormente, el *Tableau* incluye en su edición original de 1789 dos secciones sobre los principios en los que se asientan la constitución y el corpus legislativo de Navarra (páginas 27 a 157 de la obra original) que he decidido no incluir porque contienen un gran número de repeticiones con respecto al discurso preliminar de Polverel y, fundamentalmente, con respecto a la cuarta y última sección de la obra, que comprende el *Cuaderno de los Agravios presentados al Rey por M. Sorhouet, Secretario de los Estados Generales del Reino de Navarra, en 1789*.

La cuarta sección de la obra que incluimos en esta edición comprende por tanto el dicho Cuaderno de agravios y cuatro documentos relevantes en torno a la cuestión de los derechos históricos de Navarra, el *Extracto del sumario de las deliberaciones de los Estados Generales del Reino de Navarra del 4 de julio de 1789*, el *Extracto del sumario de las deliberaciones de los Estados Generales del Reino de Navarra del 5 de julio de 1789*, la *Carta al presidente de la Asamblea Nacional de Francia del 12 de octubre de 1789* y, finalmente, el *Informe sobre el proyecto para eliminar el título del Rey de Navarra del lunes 12 de octubre de 1789*.

Por lo que respecta a las normas de edición, he respetado la puntuación y la ortografía de la versión original. No obstante, debido fundamentalmente a que Polverel editó la obra a partir de una colección de documentos políticos y legales preexistentes, en ocasiones las normas sobre la utilización de términos en mayúsculas o minúsculas varía a lo largo de la obra, por lo que el lector podrá constatar que en ocasiones palabras como "diputación", "rey", "reino" o "nación" se escriben en mayúscula y otras en minúscula dependiendo de cada uno de los documentos. Hemos preferido mantener el criterio de Étienne Polverel en virtud de la naturaleza de la obra, que constituía originalmente una recopilación de varios documentos dispersos, escritos por diversos autores.

La traducción ha sido hecha por el editor a partir de la obra original publicada en francés, la cual puede ser consultada en la página web de la Biblioteca Nacional de Francia, Gallica.

Xabier Irujo

Discurso preliminar del editor, Étienne Polverel, Síndico del Reino, a la obra *Informe sobre la Constitución del Reino de Navarra y sus relaciones con Francia*

Navarra es, si no me equivoco, el único país sujeto al dominio del Rey de Francia, cuyos diputados no se presentaron en la Asamblea Nacional de Francia. Debe explicar su conducta y la de sus Diputados a su Rey, a Francia, a toda Europa, y especialmente a la posteridad.

La Asamblea Nacional de Francia decretó, a pesar de la protesta de la Diputación de los Estados de Navarra que, en la promulgación de sus leyes, el Rey solo detentaría el título de *Rey de los franceses*, y que el de *Rey de Navarra* sería suprimido. Es necesario explicar cuáles son los motivos que causaron la protesta de los Diputados de Navarra, cuáles los que han determinado el decreto de la Asamblea Nacional de Francia y cuáles pueden ser los efectos de esta innovación.

Este es el doble objeto que pretendo completar en este Discurso.

Todo lo que diré sobre Navarra, su constitución, sus relaciones con Francia y la conducta de sus Estados Generales y de su Diputación, es únicamente el resultado [del estudio] de las secciones cuya colección forma el cuerpo de la presente obra [*Informe sobre la Constitución del Reino de Navarra y sus relaciones con Francia*].

§ I.

Declaraciones de Luis XIV y Luis XVI sobre la independencia de Navarra.

Luis XVI, rey de Francia y Navarra, *ordenó* a Navarra que enviara Diputados a los Estados Generales de Francia y les otorgara poderes generales y suficientes para suscribir todos los impuestos que se aprobasen, y todos actos legislativos y de la administración que fueran aprobados por los Estados Generales de Francia.

Luis XIV había hecho lo mismo en 1649.

La orden de diputar fue enviada por Luis XVI al Senescal de Navarra. Hemos adjuntado un Reglamento que asimila Navarra a las provincias del Reino de Francia, en lo referente a las elecciones y a la forma de diputar.

Esto difiere de lo que hizo Luis XIV. En aquella ocasión el Rey envió la orden de diputar a los Estados Generales del Reino de Navarra y no les propuso una nueva fórmula para proceder en lo relativo a la selección de sus Diputados.

En 1649, los Estados Generales del Reino de Navarra se negaron a diputar, a pesar de la orden de Luis XIV.

En 1789, han declarado que esta forma de convocatoria es *irregular, ilegal y anticonstitucional en lo que respecta al Reino de Navarra.* Han presentado protestas al Rey, solicitándole que retire la Carta de Convocatoria, que dirija dichas cartas a los Estados Generales del Reino de Navarra, y que se adecúe en su forma, sustancia y condiciones a la constitución, derechos y franquicias de Navarra.

El error cometido en 1649 fue reconocido y enmendado por Luis XIV en 1651. Se realizó una nueva convocatoria de los Estados Generales del Reino de Francia ese mismo año y Luis XIV reconoció que los Estados Generales del Reino de Navarra tenían derecho a enviar o no a sus diputados. No les envió una orden, sino una INVITACIÓN. Fue *para no disgustarles* que les hizo esta invitación, *y dejó que [los Estados Generales del Reino de Navarra] actuaran como creyeran más conveniente.*

Luis XVI también reparó el doble error de sus Ministros, incluso antes de haber recibido las protestas de los Estados Generales de Navarra.

Revocó la Carta de Convocatoria dirigida al Senescal. Envió una nueva Carta de Convocatoria a los Estados Generales de Navarra. Ya no les *ordenaba* enviar diputados a los Estados Generales de Francia sino que solamente les INVITÓ. Los autorizó a formar esta delegación según los poderes de sus Diputados y en virtud de los límites y las condiciones necesarias para la preservación de la constitución del Reino de Navarra y los derechos y franquicias de los navarros.

De este modo Luis XIV reconoció que,

1. Corresponde a los Estados Generales del Reino de Navarra deliberar sobre el envío de una diputación a los Estados Generales del Reino de Francia.
2. Los dichos Estados tienen derecho a no enviar Diputados.
3. Tienen derecho a restringir y limitar los poderes de sus Diputados.

4. [Los Diputados navarros] no pueden presentarse, ni en virtud del carácter legal de la diputación, ni en virtud de la selección de los Diputados, ni en virtud de la naturaleza de sus poderes, conforme a los Reglamentos establecidos para las provincias del Reino de Francia.

§ II.

Pruebas de la independencia del Reino de Navarra.

La fundación del Reino de Navarra se remonta a principios del siglo VIII.

Este Reino nunca ha sido vasallo o dependiente del Reino de Francia, ni de ninguna otra potencia.

La usurpación de Navarra por Fernando el Católico dividió el Reino en dos.

Fernando deseaba unir el Reino conquistado al Reino de Aragón, del cual era señor. Los navarros se negaron a hacerlo. Solo se unirían al Reino de Castilla, del cual Fernando solo era administrador. Fernando se vio obligado a ceder.

La Alta Navarra se unió así al Reino de Castilla pero a condición de que continuaría siendo, a pesar de la unión, un Reino por sí mismo e independiente del Reino al que se unía.

La condición fue aceptada por Juana, Reina de Castilla y de Carlos V, su hijo. Todos sus sucesores se comprometieron a respetar esto mediante juramento en su acceso al trono.

La Baja Navarra rechazó al usurpador. Su coraje y fidelidad lo preservaron en manos de los Príncipes de la Casa de Albret, quienes lo transmitieron a Enrique IV.

Antes de la adhesión de Enrique IV al trono de Francia, la Baja Navarra no era ciertamente ni vasallo ni dependiente de la corona de Francia.

No se unió a esta corona por el advenimiento de Enrique IV al trono de Francia.

Es bien conocido que, en ese momento, Francia enriqueció su código nacional con un principio hasta entonces desconocido: declaró que todas las propiedades del Príncipe que ascendió al trono, ya estuvieran sujetas a su soberanía o a la soberanía de la corona, estaban unidas por derecho al dominio de la corona, es decir, al dominio de la nación.

Pero no extendió este principio a las soberanías independientes de la corona de Francia.

El edicto de 1607, que después de dieciocho años de debate finalmente consagró la nueva doctrina, distinguió en el patrimonio de Enrique IV dos tipos de propiedad: las *tierras adscritas [mouvantes*[6]*] a la corona* y las *soberanías independientes.*

Declaró que las *tierras adscritas [patrimoine mouvant]* a la corona estaban unidas por derecho a su dominio por la adhesión de Enrique IV al trono de Francia.

No dijo nada sobre las *soberanías independientes.*

---

[6] La expresión *terres mouvantes* proviene del término *mouvance*, vasallo. Eran por tanto posesiones en relación de vasallaje con respecto a la corona de Francia. Este no era el caso de Navarra que, como explica Polverel, era un estado soberano e independiente, unido a la corona de Francia en virtud de una unión *aeque principaliter* o *entre iguales.*

Dos soberanías independientes entre sí pueden estar bajo el dominio del mismo Príncipe pero no adquieren ningún derecho la una sobre la otra. Ninguna de las dos tiene derecho a imponer sus leyes a la otra.

Así, Inglaterra y Escocia han sido durante más de un siglo Reinos distintos e independientes, aunque sujetos a los mismos Reyes.

Fue porque Luis XIII sabía que la unión de derechos, declarada por el Edicto de 1607, no podía aplicarse a Navarra, por lo que pensó que necesitaba un nuevo Edicto para practicar esta unión.

Publicó este Edicto en el mes de octubre de 1620. Este, *une e incorpora* la corona y el país de Navarra a la corona y el dominio de Francia, para que en adelante *fuese considerado* miembro del Reino, la corona y el dominio de Francia.

Confesó, por tanto, que hasta entonces el Reino de Navarra no había sido parte integrante del Reino de Francia.

Pero, ¿podía ejecutar esta unión sin el consentimiento de las dos Naciones?

Según el derecho de gentes, ningún Pueblo puede ser subsumido o unido, a pesar de sí mismo, a soberanía extranjera. Para unir Escocia e Inglaterra se requería el consentimiento de ambas Naciones.

En virtud de la constitución del Reino de Navarra, el Rey no puede hacer ninguna ley sin el consentimiento y la voluntad de los Estados Generales.

Más aún, en virtud de la constitución, el Rey no puede *unir, anexar o incorporar* su Reino a otro Reino o tierra y, si lo hiciera, el juramento de los Reyes conlleva que *todo ello será nulo y sin efecto ni valor.*

La unión de los dos Reinos ordenada por Luis XIII era por tanto nula si los Estados Generales de Navarra no daban su consentimiento.

Y no dieron su consentimiento. Todo lo contrario, protestaron contra el Edicto de Unión cuatro días después de su publicación. Enviaron una delegación a Luis XIII para exigir que este Edicto *se declarase nulo y sin efecto.* Persistieron durante 169 años en su reivindicación.

El Reino de Navarra nunca se ha unido legalmente a la corona de Francia. Por lo tanto, siempre ha seguido siendo un Reino separado e independiente del Reino de Francia.

Y de este modo ha conservado hasta ahora su título de Reino. Asimismo, sus Estados siempre han conservado el título de *Estados Generales*, que constituyen el Cuerpo soberano de una Nación [*Corps de Nation*], y no un organismo dependiente de otra Nación. Por lo mismo, Enrique IV y sus descendientes siempre han utilizado el título de Rey de Navarra junto al de Rey de Francia, y el escudo de armas de Navarra junto al de Francia.

§ III.

Análisis de la constitución del Reino *de* Navarra.

La constitución de la Monarquía de Navarra no es obra de un Rey ni de un Conquistador. Es la propia de un pueblo libre y esforzado, rodeado de enemigos poderosos que, sin leyes ni tribunales, quiso elegir un Rey para dirigir las fuerzas de la Nación contra los enemigos externos a fin de mantener la paz pública en el hogar; y, antes de elegir a su primer Rey, este pueblo dictó las leyes que protegerían para siempre la libertad civil y política de los Navarros.

Estas leyes prohíben el ataque a la libertad de la persona, con las garantías legales necesarias, a menos que esta persona hubiese sido declarada culpable en virtud de una sentencia firme por un delito capital.

Todo Navarro es un soldado en la defensa de su Patria. Todos deben cumplir con el servicio militar en el contexto de una guerra en defensa del Reino de Navarra. Pero ninguno tiene la obligación de prestar servicio militar fuera del Reino en el curso de una guerra ofensiva.

Es conocido que todas las propiedades territoriales en Navarra están libres de impuestos y de dominio señorial y feudal, a menos que exista un título de enfeudamiento o de concesión de censo.

Y aún en estos casos, los títulos de enfeudamiento o de concesión de censos tienen una prescripción de cuarenta años, [con lo que estas tierras] recuperarán su libertad primitiva.

El Rey de Navarra no tiene derecho a instituir impuesto alguno ni sobre la propiedad ni sobre las personas de sus súbditos. Recibe de ellos solo donativos voluntarios, cuya cuantía es determinada por los Estados Generales del Reino. No se pueden imponer impuestos en el Reino de Navarra sino por orden de los Estados.

El dominio de la corona se compone solo de lo que la Nación ha otorgado al Rey. Por tanto, pertenece a la Nación, y el Rey es solo el administrador.

El Rey no puede declarar la guerra, la paz o una tregua ni ninguna otra empresa importante para el Reino sin el consejo de doce Miembros de los Estados Generales.

El Rey no puede batir moneda sin el consentimiento de los Estados Generales.

No puede, sin su consentimiento, establecer o suprimir ningún Tribunal de justicia.

La constitución le otorga la facultad de mejorar los *Fueros*, esto es, las costumbres, derechos y prerrogativas de sus súbditos; pero *le prohíbe empeorarlos*.

No puede, incluso con el pretexto de mejorar los Fueros, interpretarlos, ni hacer nuevas leyes, sin el consejo, el consentimiento y la voluntad de los Estados Generales.

Los Tribunales no pueden prescindir de registrar y hacer cumplir las leyes hechas por el Rey o su Comisionado a solicitud de los Estados Generales.

El orden de sucesión de la Corona se rige por orden de primogenitura y por la preferencia de los hijos varones a las hembras. En ausencia de varones, las hembras acceden al trono también por orden de primogenitura.

Este orden fue establecido por los Estados Generales. Solo ellos pueden cambiarlo. La ley jurada por los Reyes les prohíbe aprobar estatutos o leyes que perjudiquen el derecho de herencia de los hijos o hijas que deben heredar el Reino de Navarra; y si lo hicieran, la ley declara que el todo sea nulo y sin efecto, ni valor.

Hemos hablado en el capítulo segundo (§ 2) de otra ley, que también ha sido jurada por los Reyes, y que les prohíbe, bajo la misma pena de nulidad, hacer cualquier unión, anexión o incorporación del Reino de Navarra con otro Reino o tierra.

Ningún Navarro puede ser juzgado por tribunales extranjeros al Reino de Navarra, ya sea por causa eclesiástica, civil o penal.

El poder judicial solo puede ser ejercido en Navarra por jueces navarros, naturales [del Reino] o naturalizados.

Todas las demás oficinas y oficios también deben entregarse a Navarros, naturales o naturalizados. El Rey solo puede admitir hasta cinco extranjeros [en la administración del Reino].

El derecho de naturalizar a los extranjeros pertenece exclusivamente a los Estados Generales.

Se preveía que era posible que los Reyes o sus ministros atentasen tarde o temprano contra los derechos de la Nación o los de sus individuos.

Así, la fórmula del juramento, que todos los Reyes deben prestar antes de ser proclamados, declara que si el Rey contraviene alguno de los principios que ha jurado, los Estados y el Pueblo de su Reino no tendrán obligación de obedecerle en modo alguno, ya que esto significaría contravenir la ley.

Por lo mismo, otra cláusula de la misma Fórmula [de juramento] obliga a los Reyes a reparar todos los perjuicios y agravios que hubiesen cometido, o pudiesen cometer, de mano de sus predecesores, de sus ministros o por sí mismos.

Las reclamaciones deben ser enmendadas en la misma reunión de los Estados Generales en las que han sido advertidos [los agravios], siempre antes de que los Estados hagan efectivo el donativo que ofrecen al Rey.

Es por ello por lo que, cuando el Rey no puede asistir personalmente a la reunión de los Estados, debe otorgar al Comisionado que lo representa plenos poderes, para así reparar todos los agravios que los Estados le presentan, sin ningún límite, excepción o restricción.

Se preveía además que era posible que el Rey o su Comisionado no estuvieran de acuerdo con los Estados en lo relativo a la reparación de los agravios.

En este caso, los Estados tienen los medios para forzar la disconformidad del Rey al negarse a deliberar sobre los subsidios hasta que hayan obtenido la reparación de los dichos agravios. Pero es esta una opción violenta, que debe adoptarse solo en último extremo, ya que esta obstinación recíproca inevitablemente resultaría en la pronta disolución del Estado.

La constitución de Navarra ofrece una opción más diplomática, que no reviste inconvenientes. El Rey está obligado, por juramento, a responder a la reparación de los agravios que se le presentan, de acuerdo con *los hombres buenos y sabios, naturales del Reino de Navarra*, a quienes los Estados designan para servir como asesores del Rey, o a los Comisionados a cargo de estos asuntos designados por los Estados.

Es necesario hacer referencia a la organización de los Estados y a la distinción de estos en Órdenes, a fin de tener una idea exacta de la constitución del Reino de Navarra.

Los Estados se componen de tres Órdenes, el Clero, la Nobleza y el Tercer Estado.

Cada Orden delibera por separado.

La conformidad de dos Órdenes prevalece sobre el tercero. No obstante, en los asuntos referentes a las finanzas, el Clero y la Nobleza no pueden imponer su decisión al Reino sin el consentimiento del Tercer Estado.

Esta excepción se debe a causas que pronto serán suprimidas.

El Clero y la Nobleza estaban exentos de contribuciones a los cargos públicos. Por tanto, estos dos Órdenes no podían agravar los impuestos de los que contribuían sin el consentimiento del Tercer Estado, que hacía frente a los mismos en solitario.

En la reunión de los Estados [de Francia] del mes de marzo de 1789, el Orden de la Nobleza ofreció contribuir a todos los cargos públicos en igualdad con respecto al resto de los Ciudadanos, y proporcionalmente a las facultades de cada uno. Su oferta fue aceptada.

El Clero navarro de Bayona hizo la misma oferta. El Clero navarro de Dax estaba preparado para hacer lo mismo. Pero los Estados [de Navarra] no consideraron apropiado aceptar la contribución del Clero de Navarra, siempre y cuando continuara sujeta a los diezmos del Clero de Francia.

Esta contribución del Clero de Navarra a los diezmos del Clero de Francia es un abuso, por lo que los Estados consideran necesario exigir su abolición.

La constitución de Navarra exige que no se pueda establecer ningún impuesto sin la Orden de los Estados.

El abuso es obvio. Sin el consentimiento de los Estados de Navarra, y en contra de sus exigencias, el Clero de Francia sometió al de Navarra a sus impuestos.

Cuando el clero de Navarra, liberado de este yugo, repita su oferta a los Estados, no habrá más distinción entre los tres Órdenes en cuanto a las contribuciones pecuniarias y, en consecuencia, no habrá razones para otorgar el derecho de *veto* en asuntos financieros a uno de los Órdenes sobre los otros dos.

El Orden del Clero en los Estados de Navarra está compuesto por dos obispos que se representan a sí mismos, o dos vicarios generales que representan a los dos obispos, y cuatro sacerdotes que representan lo que se ha llamado hasta ahora en Francia el Clero de la Segunda Orden.

Los Representantes de la Segunda Orden tienen preponderancia sobre los Obispos, ya que son cuatro contra dos. Solo hay 68 sacerdotes en Navarra y no hay sino 140 eclesiásticos en la Segunda Orden. Por lo tanto, cada uno [de los cuatro diputados del Clero en los Estados Generales] representa a 35 sacerdotes.

El Orden de la Nobleza está compuesto por los propietarios de tierras nobles, quienes tienen derecho a votar individualmente en los Estados.

La nobleza en Navarra proviene de la gleba, como en Francia; pero en Navarra no tiene nada en común con el feudalismo.

Es la nobleza de la gleba lo que la hace hereditaria en las familias Navarras y es la única fuente de nobleza que se conoce en Navarra.

Todo propietario de casa noble en Navarra disfruta de 1°. prerrogativas personales por su carácter de nobleza; 2°. derecho de entrada a los Estados Generales del Reino; 3°. derecho a acceder a la administración del Distrito donde se encuentre su casa noble, así como [a ser] Miembro natural de las Asambleas o Tribunales Generales del Distrito; 4°. derecho a acceder a los cargos de la administración de Justicia, como Miembro natural de los Tribunales inferiores de Distrito. Es de ahí de donde proviene el título propio de la Nobleza navarra de *Juez-caballero* [*Gentilhomme Juge-jugeant*].

Quien haya poseído durante cien años, por sí mismo o por su padre y sus antepasados paternos, una casa noble con los derechos recién enumerados, se considera noble de extracción y transmite la nobleza por herencia a sus descendientes.

Pero esta nobleza de gleba no es una posesión precaria como lo fueron las antiguas mercedes en Francia, ni una posesión dependiente como lo son los feudos. Es una propiedad, completa, gratuita y absoluta, lo que en Francia se llama *franc-aleu* [alodio].

El Tercer Estado está compuesto por Miembros libremente elegidos por las Comunidades.

Es el Rey quien convoca a los Estados, pero no tiene derecho a disolverlos.

Los convoca todos los años.

Y si, en el intervalo entre la reunión de los Estados, surgieran algunos asuntos imprevistos y urgentes, los Estados pueden ser convocados extraordinariamente por el Castellano de Saint-Jean-Pied-de-Port [Donibane Garazi], o en su ausencia por el Síndico General del Reino, o por uno de los Miembros del Orden de la Nobleza.

Estas convocatorias extraordinarias de los Estados se llaman *Juntas*.

§ IV.

Analogía y diferencias entre la Constitución del Reino de Navarra y la antigua Constitución de la Monarquía Francesa.

La Constitución de la Monarquía Francesa no tiene su origen en el tiempo de los primeros pobladores; en aquel tiempo aún no estaba bosquejada.

Tampoco existía aún en los tiempos en que imperaba el sistema feudal. En aquel entonces aún no había ni Rey ni Nación; solo había Reyes sin poder, vasallos independientes y siervos.

Tampoco existía aún en los tiempos del reinado de Felipe el hermoso. Aparentemente, este monarca sentó las bases del despotismo con la intención de regenerar la libertad pública. Reemplazó el Parlamento feudal, que dominaba, por el Parlamento sedentario [*Parlement sédentaire*], sobre el cual no tenía derecho ni poder. Convocó las asambleas nacionales pero, en lugar del poder legislativo que les pertenecía, tan solo les otorgó el triste derecho de presentar inútiles agravios.

Solo bajo el reinado de Carlomagno tuvo Francia una verdadera Constitución. Esta Constitución ha sido muy ensalzada, y en muchos casos con razón. ¿Pero, tenía más valor que la de Navarra? Estaremos en posición de juzgarlo si las comparamos.

La servidumbre era el estado natural y legal del mayor número de franceses. O la persona nacía sierva, o perdía su libertad en virtud de las leyes de la guerra, por la venta voluntaria de la libertad, por insolvencia, por prescripción y en castigo por ciertos delitos, por ejemplo, por haber trabajado un domingo. Por tanto, aquellas personas que poseían el estatuto de personas libres solo detentaban una libertad precaria.

La ley prohibía el encarcelamiento de un hombre libre sin causa, pero el modo de regular las causas por las cuales era permitido encarcelar a una persona eran demasiado vagas.

Los ministros del poder público no eran los únicos que podían encarcelar a una persona, sino que cualquier hombre libre tenía la potestad de encarcelar a un hombre libre, y no por haber sido condenado sino únicamente por haber sido acusado de un delito.

Si el alguacil no probaba la acusación, se saldaba el pleito con una pena pecuniaria, pero el hombre inocente ya había perdido temporalmente su libertad.

Durante los primeros diez siglos de la Monarquía francesa existió un delito en virtud del cual la persona perdía la libertad *por voluntad del Rey*. Todo hombre declarado culpable de robo con violencia debía al erario público una multa del triple del valor de lo robado, y 60 soles de multa al Rey. Tras haber satisfecho la pena pecuniaria, la ley lo condenaba a ser encarcelado y a permanecer allí todo el tiempo que el Rey dispusiera, *usquedum nobis placuerit.*

He aquí la legislación de los hermosos días de Francia sobre libertad civil. Pero estamos más satisfechos con su Constitución sobre libertad política.

El poder legislativo residía en la Asamblea Nacional. No se aprobaba ninguna norma legal sin su consentimiento y las que eran aprobadas, eran publicadas en nombre del Rey.

Se celebraban dos Asambleas al año, una en otoño y la otra en mayo.

Las Comunas no eran convocadas a la primera sesión a la que solo acudían los Nobles y los principales Consejeros del Rey. El objetivo principal de esta Asamblea era regular las gratificaciones que se distribuirán durante el año y preparar los temas a debatir en la Asamblea General del siguiente mes de mayo. Se discutían los intereses del Reino en relación con los estados vecinos y en relación con los asuntos internos del Reino y, se examinaba cuáles eran los abusos, sus causas y los medios para remediarlos.

Era en las Asambleas Generales de mayo en las que se aprobaban las leyes. Esta Asamblea estaba compuesta por los tres Órdenes del Estado: el Clero, la Nobleza, y *el pueblo* o *la multitud*, lo que se ha llamado posteriormente el *Tercer Estado* o lo que ahora llamamos *Comunas*.

Era también en esta Asamblea en la que el Rey recibía *los donativos anuales* de mano de sus súbditos para el sostenimiento de la defensa del Estado.

Por último, se deliberaba en esta Asamblea sobre la paz, la guerra y todo lo concerniente a la administración del Estado.

Cada uno de los tres Órdenes deliberaba por separado. El Rey no asistía ordinariamente a las deliberaciones. Estaba ausente sin duda para no obstaculizar las votaciones. Sin embargo, acudía cada vez que lo convocaban y permanecía allí solo mientras los miembros de la Asamblea consideraban que su presencia era necesaria.

Por lo general, era el Rey quien presentaba los temas a deliberar ante las Cámaras y a esto se le denominaba *capítulos de interpelación*.

Pero los tres Órdenes del Estado, juntos o por separado, también tenían la facultad de proponer leyes a lo cual se le daba el nombre de *petición*.

Cuando los dos primeros Órdenes estaban de acuerdo entre sí y con el Rey sobre una propuesta de ley, se leía esta resolución a los representantes del pueblo; estas resoluciones se denominaban *decretos imperiales* y a la lectura que se hacía de ellos al pueblo se llamaba *anuncio*. Una vez realizada la lectura, se solicitaba a los representantes del pueblo que dieran su consentimiento: *si omnibus vobis ista complacuerint, dicite.* Si los representantes del pueblo lo aprobaban, se respondía por aclamación, *placet.*

Esta aclamación en sí misma no tenía fuerza de ley: era necesario asimismo que fuera suscrita por los votantes: "que se interrogue al pueblo", dijo Carlomagno, "sobre los Capítulos legales que se han propuesto, y después de haber sido aprobados, que se coloquen sus firmas en la parte inferior de los capítulos".

Si el pueblo desaprobaba la propuesta de ley, se consideraba nula y sin valor, aunque hubiese sido adoptada por los dos primeros Órdenes. Así ocurrió por ejemplo en el año 803, cuando una ley adoptada por los dos primeros Órdenes fue rechazada por el pueblo y permaneció nula y sin valor por veinte años hasta que fue aprobada solo después de haber sido propuesta nuevamente al pueblo y sancionada por este.

Un capitulario del año 803 parece probar que el Rey no tenía potestad de rechazar la promulgación de una ley decretada por la Asamblea Nacional.

El pueblo propuso una ley a Carlomagno [en estos términos]: "*Si quieres que te prestemos fidelidad*", proclamaron, "*concédenos nuestras peticiones* y que la ley que proponemos pueda ser observada fielmente por ti, por nosotros, por tus sucesores, y por los nuestros, y ordena que se inserte entre las leyes eclesiásticas y entre sus capítulos".

Carlomagno no consideró que esta petición fuera sediciosa ni tampoco creyó que fuera un atentado contra su prerrogativa real sino únicamente el ejercicio legítimo de los derechos de las personas. Y respondió a la petición [en estos términos]: "Nos concedemos lo que se nos pide y lo confirmaremos en la próxima Asamblea General".

Cumplió su promesa, y la ley propuesta por el pueblo fue confirmada en la Asamblea General del año 803.

A primera vista se podría creer, comparando la constitución de Navarra y la antigua constitución de los franceses que, si la constitución de Navarra ha hecho más por la libertad de las personas y la propiedad, la antigua constitución francesa ha asegurado más firmemente la libertad política de la nación.

Pero esto puede no ser cierto.

En ambos casos el *poder de autorización* [*puissance ordonnatrice*], ya sea en lo relativo a la legislación o a la administración, reside en las Asambleas Nacionales.

En ambos casos la sanción y la promulgación de las leyes son prerrogativa del Rey.

En ambos casos la Asamblea Nacional está compuesta por los tres Órdenes, que deliberan por separado.

Pero en la antigua constitución de los franceses, el Orden de la Nobleza estaba compuesto solo por vasallos, algunos de los cuales tenían ventajas que podían en su caso ser retiradas a voluntad del Príncipe, y otros tenían la esperanza de recibir concesiones y beneficios por parte del Príncipe. Era muy difícil para los unos y los otros votar en contra de la voluntad del Príncipe.

En Navarra, el Orden de la Nobleza está compuesto solo por propietarios libres.

En Francia, a diferencia de Navarra, no se le dio a la *iniciativa* [legal] la importancia que ahora parecen querer darle. El Rey y cada una de las tres Cámaras tenían indistintamente el derecho de proponer leyes.

Pero en Francia, las Asambleas de Otoño, que estaban compuestas solo por los grandes Señores y Consejeros del

Rey, en las cuales los Comunes estaban excluidos, proponían las deliberaciones de las Asambleas Generales del mes de mayo, lo cual demuestra que el Rey detentaba un gran poder en el proceso legislativo y en la administración.

Este vicio no existía en la constitución de Navarra.

En Francia solo se celebraban Asambleas Nacionales por convocatoria del Rey.

En navarra, además de las Reuniones Anuales convocadas por el Rey, los Estados podían convocar las reuniones cuando el interés público así lo requería.

Parece que en la constitución de los franceses el pueblo tenía el derecho de vetar las decisiones de los otros dos Órdenes, y que el Rey no poseía este derecho.

En Navarra, el pueblo tenía el derecho de veto solo en lo concerniente a las contribuciones pecuniarias; y han corrido un velo sobre la cuestión del *veto* real.

Pero las contribuciones son el aspecto más esencial para el pueblo; y a este respecto el pueblo Navarro no puede ser comprometido sin su consentimiento por los dos primeros Órdenes.

La constitución de Navarra no otorgó ni negó al Rey el derecho de *veto*, ya sea absoluto o suspensivo. Lo hizo de un modo mejor aún: hizo imposible abusar de este derecho, subordinando su voluntad a la decisión *de hombres buenos y sabios, naturales de Navarra*, a quienes los Estados Generales del Reino nombraron para ser árbitros entre la Nación y el Rey.

En la antigua constitución de los franceses, como en la constitución de Navarra, los sujetos estaban exentos de impuestos. Los reyes solo recibían donativos voluntarios. Pero en Francia, todos los Órdenes del Estado ofrecían donativos voluntarios anuales mientras que en Navarra el Clero y la Nobleza no lo hacían.

Este abuso ya no existe en Navarra en cuanto a la Nobleza; y dejará de existir para el Clero, siempre y cuando el Clero deje de contribuir al diezmo del clero de Francia.

Nos atrevemos a decir que de todas las constituciones de la Europa moderna la de Navarra es la menos imperfecta: ha hecho más que cualquier otra por la libertad civil y política; ha hecho todo lo posible por conciliar la distinción de los Órdenes en referencia a la libertad y la igualdad.

§ V.

¿Cuál ha sido la conducta de los Estados Generales del Reino de Navarra en lo relativo a la invitación de enviar diputados a la Asamblea Nacional de Francia?

Los Estados de Navarra fueron convocados en junio de 1789 para deliberar sobre esta gran cuestión. Entonces no pudieron prever todo lo que la Asamblea Nacional de Francia ha hecho desde el mes de agosto.

El grito de libertad reverbera por todos lados. El Rey quería que su pueblo fuera libre. La gente quería serlo. Pero había que superar dos grandes obstáculos, la distinción en Órdenes y el feudalismo. La Nobleza y el Clero parecían inclinados a someterse a la igualdad fiscal. ¿Pero podría esperarse que hicieran el sacrificio de ceder asimismo todas sus prerrogativas [fiscales], e incluso su patrimonio? ¿Cómo se podría, sin su consentimiento, demoler los vínculos del feudalismo? ¿Y cómo conciliar la libertad de los pueblos con la de la aristocracia feudal?

En este estado de cosas, apenas se podía prever que Francia pudiera recuperar la constitución de Carlomagno en toda su pureza, porque el régimen feudal había desfigurado extrañamente esta constitución.

Impulsos de patriotismo y de generosidad, que hicieron desaparecer todo rastro de feudalismo en una sola noche, desmantelaron los privilegios de los Órdenes, de los Cuerpos, de las Villas y de las Provincias, todo lo cual, en una palabra, dotó a la Asamblea Nacional de Francia de una tabla rasa en la que se podrían grabar todas las leyes que inspiraron las luces y la sabiduría del siglo XVIII.

Fue solo entonces que la Asamblea Nacional de Francia pudo concebir el proyecto y creer en la posibilidad de redactar una nueva constitución: y eso es lo que los Estados Generales de Navarra no podían haber previsto en el mes de junio, ni en los primeros días de julio.

Navarra tenía una buena constitución, mucho mejor que la de Carlomagno; y cuando menos [los navarros] no estaban seguros de que Francia lograría recuperar la constitución de Carlomagno.

¿Deberían los Estados Generales de Navarra sacrificar la constitución de su país cuando Francia no tenía nada que ofrecerles a cambio, y cuando era probable que nunca lo hiciera, y que no fueran capaces de ofrecerles una [constitución tan buena como la suya]?

Si no tenían que renunciar a su constitución e independencia por adelantado, tampoco tenían que otorgar a sus Diputados poderes generales y suficientes para consentir todos los impuestos que se aprobasen, ni todas las normas legislativas y administrativas que suscribiese la Asamblea Nacional de Francia.

Por tanto, no tenían que autorizar a sus Diputados para solicitar o aceptar un voto en la Asamblea Nacional de Francia sobre la constitución, la legislación, la administración o los impuestos: porque esto habría supuesto renunciar a la constitución e independencia de Navarra, al poder legislativo de sus Estados Generales y al derecho que tienen de ser los únicos administradores de sus asuntos, y a ser capaces de otorgar y establecer sus propios impuestos por sí solos.

No obstante, Navarra deseaba poder unirse algún día a Francia. Navarra no lamentaría [perder] su independencia pero necesitaba una constitución que fuera al menos tan buena como la suya. Tenía, por tanto, un cierto interés en la constitución, las leyes y el sistema administrativo que Francia se iba a dar a sí misma.

A este respecto, se acordó que los Diputados de Navarra deberían tener *voz consultiva* en la Asamblea Nacional de Francia, tanto en [los asuntos relativos a] la constitución como en [lo referente a] la legislación, la administración y los impuestos.

La Asamblea Nacional de Francia también se ocuparía de los medios de cubrir el déficit y de proveer el gasto público, sin imponer nuevos impuestos, estableciendo un mejor orden en la administración de las finanzas.

Los diputados de Navarra podrían, sin comprometer la independencia de su país, *deliberar* sobre este punto en la Asamblea Nacional de Francia porque era de interés común para ambas naciones. Por otro lado, dos pueblos confederados tienen la facultad de deliberar juntos sobre sus intereses comunes, sin interferir con su independencia mutua.

Esto es todo lo que la prudencia permitía a los Estados Generales de Navarra. Y esto es lo que hicieron.

Enviaron una delegación, aunque Luis XIV y Luis XVI habían reconocido que tenían derecho a no diputar.

Autorizaron a esta delegación a detentar *voz deliberativa*, para tratar sobre los medios de cubrir el *déficit* y para regenerar el tesoro público sin aprobar nuevos impuestos.

En todos los demás temas a tratar, constitución, legislación, administración e impuestos, les permitieron detentar solo *voz consultiva.*

Dieron a sus Diputados instrucciones para declarar ante la Asamblea Nacional de Francia:

4. Que Navarra estaba dispuesta a contribuir, en proporción a sus fuerzas, a las necesidades del Estado y a la liberación de la deuda pública, para lo cual era necesario saber cuál era el monto de esta deuda y el estado de las finanzas.
5. Que los Estados de Navarra desean ardientemente que Francia tenga éxito en darse una constitución lo suficientemente sabia para que Navarra algún día renuncie a la suya y se una a Francia por lazos indisolubles, adoptando su régimen y sus leyes.

A la espera de este feliz día, Navarra ofreció y solicitó un tratado federativo con Francia.

La delegación se encargó finalmente de ofrecer a la Asamblea Nacional el auto por el cual los Estados Generales alterarían el orden de sucesión a la Corona de Navarra, adoptando la ley sálica.

Este auto, que nadie había pedido a los Estados Generales de Navarra y que solo ellos podían otorgar, era una garantía segura de la sinceridad de su deseo de unión indisoluble de Navarra con Francia.

Este era asimismo un hecho de cierta importancia para Francia porque las montañas de Navarra son el bulevar entre Francia y España.

Este auto no pudo ser presentado a la Asamblea Nacional de Francia antes de ser aceptado por el Rey de Navarra.

Por otro lado, el Rey había prometido en 1776 a sus súbditos del Reino de Navarra hacerles el mismo juramento que sus predecesores habían hecho en su advenimiento al trono. Este juramento había sido pospuesto solo por motivos económicos, para ahorrarle a Navarra el gasto oneroso de una diputación.

Finalmente, mientras Navarra no renuncie a su constitución, debe conservarla intacta y obtener del Rey la reparación por los agravios que se le han hecho.

Esto se convirtió en el objeto de una misión especial con el Rey. Los Estados Generales de [Navarra] ordenaron a su Diputación,

5. Recibir el juramento del Rey
6. Prestar juramento en nombre del Reino de Navarra
7. Presentar el cuaderno de agravios [al Rey] y traerlo [una vez reparados los agravios]
8. Presentarle el auto de abolición de la sucesión cognática y de adopción de la sucesión agnática para la Corona de Navarra.

§ VI.

Éxito incierto de la Diputación ante el Rey.

En un principio el ministerio no vio ningún inconveniente para que se suscribiera el juramento mutuo.

Solo parecía preocupado por la fórmula de este juramento, pero terminó declarando que el Rey no podía adoptarlo aun cuando esta fórmula se inspiraba en los juramentos de los antiguos reyes de Navarra y en aquellos que los reyes de España todavía prestaban a la Alta Navarra.

Para evitar las desafortunadas consecuencias que podría tener la negativa a realizar el juramento, la delegación se expuso a ser desautorizada por sus constituyentes. Sustituyeron la fórmula detallada que habían dictado los Estados Generales de Navarra por una que, sin dar más detalles, parecía preservar todos los derechos de Navarra y contenerlos implícitamente.

Esta nueva fórmula obtuvo la aprobación del Ministro del Departamento. Pero cuatro horas más tarde el Ministro a cargo de este asunto expuso nuevas dificultades.

"El Rey", dijo, "no se niega a prestarle a Navarra el juramento solicitado; su intención es prestarlo cuando las circunstancias lo permitan. Pero les ruego que reflexionen sobre los inconvenientes que este juramento podría tener en el estado actual de las cosas. Admito que el Reino de Navarra no está unido al de Francia pero Uds. conocen el voto de unidad manifestado por la Asamblea Nacional de Francia. El Rey, al prestar juramento a Navarra hoy, parecería oponerse a este voto de unidad. Por otro lado,

¿qué importancia tiene para Navarra que el juramento se preste un poco antes o un poco después? El juramento será superfluo si Navarra decide unirse a la Asamblea Nacional de Francia, y si se adhiere a sus decretos. Si persevera en querer permanecer separada e independiente, el Rey prestará juramento; pero primero consulten nuevamente a sus electores sobre este tema".

Los electores eran los Estados Generales de Navarra y no se reunieron. El Ministro fue informado a este respecto y la comunicación no se ha perdido, pero no se ha recibido ninguna respuesta hasta el momento.

Había muchas otras cosas que discutir sobre la necesidad del juramento en interés del Rey e incluso en interés de Francia. No se omitió nada, pero el Ministro sin duda lo había previsto todo y se mostró inmóvil e impenetrable.

Unos días después, otro Ministro declaró que el Rey y su Consejo estaban indecisos en lo referente al juramento debido a que no estaban seguros de si, en el estado actual de las cosas, Navarra no estaría dispuesta a adherirse a los decretos de la Asamblea Nacional de Francia.

Esta duda solo pudo aclararse mediante una nueva deliberación de los Estados Generales de Navarra. A solicitud de la Diputación, el Rey ordenó que se convocara extraordinariamente a los Estados para deliberar sobre la adhesión o no a los decretos de la Asamblea Nacional de Francia.

Pero no se les dio tiempo para deliberar y fueron disueltos tres días después de su apertura.

§ VII.

La delegación no ha tenido más éxito con la Asamblea Nacional.

La Asamblea Nacional de Francia ya había declarado, por medio de su decreto del 19 de junio, su derecho exclusivo de prescribir impuestos sobre todas las provincias del Reino, cualquiera que fuera la forma de su administración.

Se puede argumentar que el apelativo de *Provincia de Francia* no es aplicable a Navarra.

Pero no se concibió en la Asamblea Nacional que un país tan pequeño como Navarra pudiera aspirar a su independencia y a su estatus de Reino. Se deseaba que hubiera una sola constitución y una sola ley para todos los países sujetos al Rey de Francia. Se deseaba que todos los países, sin distinción, estuvieran asimismo sujetos a los decretos de la Asamblea Nacional de Francia.

Uno de los decretos de la noche del 4 de agosto expresa este deseo inequívoco. Declara que "los privilegios de los *Principados*, Villas, Cuerpos y Comunidades de Habitantes, ya sean pecuniarios o de cualquier otra naturaleza, *son abolidos para siempre* y permanecerán confundidos en el derecho común de todos los franceses".

A este respecto, la diputación de Navarra tenía la certeza moral de no ser recibida en la Asamblea Nacional de Francia y de que, en caso de ser recibida, lo sería solo a costa de rectificar sus poderes.

En el primer supuesto, era mejor no presentarse que presentarse con la certeza de no ser recibida.

En el segundo, dado que en cualquier caso era necesario enmendar los poderes, y que esta modificación solo la podían autorizar los Estados reunidos, era preferible esperar a recibir las órdenes de los Estados que aceptar un existencia ambigua y precaria en la Asamblea Nacional de Francia.

No obstante, era posible que la Diputación de Navarra fuera recibida sin examen ni disputa sobre los límites de sus poderes, porque la Asamblea Nacional había llegado a creer que la mera presencia de los Diputados comprometía a sus comisarios, incluso en contra de las cláusulas más imperativas de sus mandatos. Se negó el carácter limitador de las cláusulas imperativas y, a pesar de las mismas, se recibió a los diputados como plenipotenciarios.

Así fue recibido, entre otros, el Diputado de la nobleza del país de Zuberoa. Tenía el mandato imperativo de actuar solo por Órdenes. Sin embargo, fue recibido, faltando a la cláusula imperativa de su mandato, en una Asamblea abierta y sin Órdenes, aun cuando era fácil ver que sus diputados estaban involucrados en las deliberaciones tomadas por los líderes en una Asamblea formada por representantes de los Tres Órdenes.

Con tales principios, la mera presencia de los diputados navarros en la Asamblea Nacional comprometía la independencia, la constitución y el derecho de Navarra. Por tanto, no se les permitió presentarse; por mandato y en conciencia se les ordenó preservar la independencia, la constitución y los derechos de Navarra.

Esperaron impacientes las órdenes posteriores de sus comisionados cuando supieron que los Estados Generales de Navarra se habían disuelto tres días después de su apertura.

Y aunque los ministros del rey les prohibieron votar su unión con Francia, la Asamblea Nacional acordó un decreto que tal vez dividirá los dos reinos para siempre.

En la sesión del 8 de octubre, decretó que, en el preámbulo de las leyes, el Rey tomaría el título de *Rey de los franceses* en lugar del de *Rey de Francia.* Aplazó al lunes 12 de octubre la cuestión de si el título de *Rey de Navarra* sería eliminado.

Uno de los asesores observó en el curso de la discusión que Navarra había designado diputados que *habían venido a sondear el terreno y que no habían estado presentes* en la Asamblea.

Estas palabras, vagas como eran, sembraron la sospecha de que Navarra y sus Diputados no podían dejar de subsistir.

La supresión del título de *Rey de Navarra* parecía tener grandes inconvenientes para el Rey, e incluso para los franceses.

La delegación instruyó a su Síndico para fijar las ideas [de los Estados de Navarra] ante la Asamblea Nacional [de Francia] sobre estos dos puntos.

En la reunión del 12 de octubre, se leyó una carta apologética [sobre la independencia del Reino de Navarra] dirigida al Presidente de la Asamblea Nacional. La respuesta que le fue dada reveló que ya no había sospechas sobre la lealtad de los procedimientos de Navarra y sus Diputados.

En la misma reunión también se leyó una Memoria que demostraba, primero, que la Asamblea Nacional de Francia no podía exigir la supresión del título de *Rey de Navarra* y, segundo, que esta supresión era peligrosa para el Rey e incluso para la Nación Francesa.

No se ha dado respuesta a los hechos, ni a los principios, ni a los resultados de esta Memoria; incluso cuando parecía haber obtenido la necesaria pluralidad de votos. Pero el estado de la cuestión ha cambiado y por motivos que la diputación de Navarra no pudo haber previsto ni combatido, se decretó por pluralidad de votos *que no se debe agregar nada al título de Rey de los franceses.*

§ VIII.

Inconvenientes de la disolución de los Estados de Navarra, de la negativa a jurar y de la supresión del título de Rey de Navarra.

El Rey prometió mediante un documento escrito, firmado por él, prestarle a Navarra el mismo juramento que le prestaron sus predecesores. Navarra exige la ejecución de esta promesa, y los Ministros del Rey se oponen al cumplimiento de este juramento.

Rechazan, en primer lugar, la fórmula de juramento prescrita por la ley fundamental del Reino a la que se han sometido todos los Reyes de Navarra y a la que todavía se someten los Reyes de la Alta Navarra. ¡No quieren que el Rey le preste a Navarra *el mismo juramento que sus predecesores le prestaron*! No obstante, esto es lo que el Rey ha prometido.

Eluden cualquier tipo de juramento con el pretexto de que es posible que Navarra finalmente se una a Francia, y que, en consecuencia, un juramento particular a Navarra resulte superfluo.

Pero esto es solo una posibilidad, un contingente futuro. Y la obligación de prestar juramento está presente, ya que existe la promesa del Rey, y Navarra existe como un Reino independiente.

Parecen desear la unión de los dos reinos, y evitan que el rey acepte el acto de sucesión al trono, sin el cual es imposible que los dos Reinos se unan a perpetuidad.

Digo que evitan que el Rey lo acepte dado que le impiden prestar juramento, y es imposible que antes de la materialización de este juramento se presente el acto de sucesión al Rey y que la Nación haga algún trato con él [como Rey de Navarra].

Parecían desear al menos conocer la opinión de los Estados de Navarra sobre la unión pero disolvieron los Estados sin darles tiempo para deliberar.

¿Han calculado la revolución que están preparando? ¿Saben que Navarra está obligada a sus Reyes solo en virtud del juramento mutuo? ¿Que el Rey de Navarra es proclamado y reconocido y que puede recibir el juramento de sus súbditos solo después de haberlo prestado él? ¿Saben que Carlos el Hermoso nunca fue proclamado ni reconocido como Rey de Navarra porque no quiso hacer este juramento? ¿Saben que los navarros, incluso después del juramento, pueden liberarse [de su obligación a obedecer al Rey] cada vez que este contraviene en un punto su juramento y que, además, [son conscientes de que] no le deben nada al Rey cuando este se niega a jurar?

Sí, ellos saben todo esto; porque todo esto se explica en los juramentos de los antiguos reyes de Navarra, y en los juramentos modernos de los Reyes de España a la Alta Navarra, y en la fórmula de juramento que la Diputación presentó al Rey, y en una memoria redactada por la diputación. Y esta memoria y estos juramentos fueron entregados al Ministro del Departamento el 31 de julio y el 5 de agosto de 1789.

¿Qué quieren? ¿Quieren obligar a Navarra a declararse independiente, a romper los lazos que barren con los descendientes de Enrique IV? No, no pueden ser tan grandes enemigos del Rey y de Francia para hacer que el Rey pierda un país que protege a Francia de todo ultraje e invasión por la parte de España.

¿Quieren que el esfuerzo de los navarros por sacudirse un yugo insoportable para ellos de al Rey un pretexto para conquistar la Baja Navarra y sustituir así una constitución libre, bajo la cual este pueblo ha existido por más de mil años, por la ley del más fuerte?

¡Que este proyecto, digno del Príncipe Maquiavelo, haya sido concebido bajo el mejor, bajo el más justo de los Reyes! ¡Quién podría involucrar a Luis XVI para tratar de esclavizar a un pueblo que ha sido libre durante más de mil años en el mismo momento en que da la libertad a un pueblo que ha sido esclavo durante novecientos años!

Tengan mucho cuidado: uno no subyuga tan fácilmente a un pueblo montañés que defiende sus hogares y su libertad. Los navarros son pocos, pero también lo eran cuando se defendieron solos contra España; ya lo eran cuando derrotaron al ejército de Carlomagno, y cuando derrotaron a dos generales de Luis el Piadoso.

¿Los enemigos de la libertad pública habrán inspirado este plan con la esperanza de que la insurrección de Navarra diese la señal al Bearne, a Languedoc, a la Provenza, al Delfinado y a Bretaña a fin de que todos los países preocupados por sus privilegios locales se negasen a contribuir a la gran obra de la libertad universal?

Yo me atrevo a anhelar mejores luces para mi siglo. El Bearne, la Provenza, el Languedoc, Bretaña y el Delfinado y todas las provincias del Reino de Francia, y la propia Navarra, no perderán de vista el emblema de los dardos, que ninguna fuerza humana puede romper cuando están unidos en un haz pero que se rompe sin esfuerzo cuando están separados[7]. Todos estos pueblos ya conocen las bases de la constitución de la Asamblea Nacional. Al comparar estas bases con sus constituciones, sus privilegios y sus capitulaciones, podrán llegar a estar de acuerdo en que tal vez sea mejor ser francés que seguir siendo Bearnés, Languedociano, Provenzal, Delfinado, Breton e incluso Navarro.

Si fuera de otra manera, si una chispa arrojada imprudentemente o intencionalmente produjera una conflagración general, denunciaré y expondré para su execración durante todos los siglos y en todos los países a los incendiarios cuyas falsas e injustas tretas puedan llegar a corromper la revolución más bella, de la cual los esplendores del mundo nos dan ejemplo, sumiendo a Francia en los horrores de una guerra civil y preparado la disolución del Imperio más poderoso de Europa.

¿Por qué debe también Navarra quejarse de la Asamblea Nacional de Francia?

Existen buenas razones, sin duda, para suprimir el título de *Rey de Francia* y sustituirlo por el de *Rey de los franceses*, que estaba en uso durante los dos primeros períodos [de la historia de Francia].

---

[7] Referencia al haz de dardos y barras, emblema de la fuerza militar y civil de la unión de ciudadanos del 10 de febrero de 1789.

Pero, ¿por qué eliminar también el título de *Rey de Navarra*? ¿La Asamblea Nacional de Francia tenía que eliminarlo necesariamente? ¿Por qué es dañino este título? ¿No tenían interés en conservarlo?

Mientras Navarra no se haya incorporado a Francia será un Reino separado e independiente del de Francia; pertenecerá a los descendientes de Enrique IV solo bajo el título de *Reyes de Navarra*, y no en virtud del título de *Reyes de Francia.*

Esta incorporación solo puede hacerse con el consentimiento de la baja Navarra, y la baja Navarra aún no lo ha consentido.

Hasta que se haga esta incorporación, la Corona de Navarra no pertenecerá a los Reyes de Francia como *Reyes de Francia*, que solo se necesita la muerte de un rey de Francia sin hijos varones y tan sólo con una hija para pasar esta corona a una casa extranjera.

Así, Luis Hutin, antiguo Rey de Francia y de Navarra, dejó la Corona de Francia a sus hermanos, y la de Navarra a su hija. Hoy ocurriría lo mismo, a pesar del auto de sucesión, porque este auto no ha sido aprobado por el Rey, porque ni siquiera se le ha sido presentado.

Dado que Francia y Navarra son dos Reinos independientes, Francia tiene derecho a exigir a su Rey que abdique al Reino de Navarra.

Pero no tiene derecho a abolir el título de Rey o el de Reino de Navarra. Solo Navarra puede hacer esto.

Con anterioridad a la unión de Inglaterra y Escocia, ¿tenía Inglaterra derecho a suprimir el título de Rey de Escocia? ¿Podríamos aceptar que Navarra tuviera derecho a suprimir el título de Rey de Francia?

Si una de las dos Naciones no tiene este derecho, la otra tampoco: la desigualdad de poder no puede destruir la reciprocidad de los derechos.

Francia no puede desear que su Rey abdique a la Corona de Navarra porque son las montañas de Navarra las que abrigan a Francia de las invasiones de los españoles.

Si no puede desear que su Rey abdique a la Corona de Navarra, no puede exigirle que suprima el título de Rey de Navarra; exigir la supresión del título es ordenar la abdicación a la Corona. El derecho a gobernar Navarra pertenece al título de Rey de Navarra. Ningún poder tiene el derecho de obligar a un Reino independiente a abolir su título de Reino, ni a ser gobernado por un Soberano que no pueda tomar el título de Rey.

Se creó un dilema seductor que ha arrastrado a la pluralidad de votos en el seno de la Asamblea Nacional.

"O Navarra, se dijo, se unirá eventualmente a Francia, o no se unirá". En el primer caso, Navarra pasará a formar parte de Francia y los navarros se convertirán en franceses. En el segundo caso, ¿por qué se ocupa Navarra de nosotros? ¿Por qué nos ocupamos nosotros de ella?"

¡Ah! ¡Que nadie cometa un crimen en Navarra en virtud de la libertad y de la prosperidad de Francia! Es impensable que [Navarra] no tenga el mayor interés en el destino de Francia. Los navarros siempre fueron amigos, aliados de Francia. ¿Cómo podrían no serlo si dieron reyes a Francia?

Pero nunca habrían interrumpido los importantes debates de la Asamblea Nacional de Francia si esta no se hubiera ocupado de ellos. ¿No era acaso uno de los temas [tratados en la Asamblea] deliberar si se suprimía el título de Rey de Navarra?

Si Navarra finalmente se une a Francia, ¡los navarros serán incorporados al dominio de los franceses! Puede ser...

La Alta Navarra está unida a la Corona de Castilla y aún conserva su título de Reino. Es un *Reino que subsiste por sí mismo* y el Rey de España detenta a un mismo tiempo el título de *Rey de Navarra.*

Por tanto, es posible que algún día Navarra se una a Francia sin consentir la abolición del título de Reino, y sin que los Navarros sean incluidos bajo la denominación de Franceses.

Y como Francia nunca tendrá derecho a obligar a Navarra a unirse, ni a aceptar una forma de unión en lugar de otra, menos aún podrá suprimir el título de un Reino cuando este no ha dado su consentimiento a ningún tipo de unión.

"Pero, se ha dicho, Navarra proclama que está preparada para unirse con Francia".

Esto no es exactamente lo que dijo Navarra.

Ella dijo en el mes de julio de 1789 que le gustaría que los franceses aprobaran una buena constitución para poder renunciar a la suya y unirse a Francia.

Sus diputados dijeron el 12 de octubre de 1789 que la sabiduría de las deliberaciones de la Asamblea Nacional de Francia y la solidez de las bases que había establecido para su constitución hacían prever que el día de la unión no era lejano.

¿Pero la mera esperanza de una unión que solo podía concretarse con el consentimiento de Navarra, que solo podía llevar consigo el consentimiento de la supresión del título de Reino de Navarra, autorizó a la Asamblea

Nacional de Francia a abolir el título de Rey de Navarra antes de que Navarra hubiera dado su consentimiento a cualquier tipo de unión, y menos aún a una unión con la supresión del título?

Que este decreto del 12 de octubre no quebrante para siempre el día de esta unión. ¡Los decretos anteriores de la Asamblea Nacional parecían haber acercado tanto [a ambas Naciones]!

Se ha dicho asimismo: "Si mantenemos el título de *Rey de Navarra*, también debemos agregar el título de *Rey de Córcega*, *Rey de Marsella*, de *Soberano de Bearne*, de *Conde de Provenza*, de *Delfín de Viennois*, etc., etc."

Si ninguno de estos países se ha unido al Reino de Francia, o si lo han sido solo con la condición de que conserven los títulos de sus Soberanías, sin duda deben preservarse todos; no pueden ser suprimidos excepto por el consentimiento de los países a los que pertenecen.

Pero dudo que Marsella y Córcega impusieran tal condición cuando fueron subyugados, uno por Luis XIV y el otro por Luis XV. En este sentido, la adición del título de Rey sería una innovación que no tienen derecho a exigir. Con respecto a Navarra, la supresión de este título es una innovación que lo degrada y que no es posible sin su consentimiento.

No sé si el Bearne, la Provenza y el Delfinado han consentido la supresión de los títulos de sus Soberanías pero creo que no podríamos suprimirlos sin su consentimiento.

Y en cuanto a Navarra, repito que ella no ha dado su consentimiento.

¿Creen que una dificultad gramatical causó impresión en las buenas mentes?

En la sesión del 9 de octubre se decretó que el Rey se llamaría a sí mismo *Luis, por la gracia de Dios y por las leyes constitucionales del Reino, Rey de los franceses.*

Se dijo el día 12: "No es por las leyes constitucionales del Reino de Francia que Luis es Rey de Navarra: si se permite que el título de Rey de Navarra subsista, sería necesario decir, *Luis, por gracia de Dios, y por las leyes constitucionales del Reino de Francia, rey de los franceses, y por las leyes constitucionales del Reino de Navarra, rey de Navarra.* Pero esta repetición podría resultar malsonante. Por tanto, debemos eliminar el título de *Rey de Navarra*".

En consecuencia, esta fue la adición hecha al Decreto del 8 de octubre, que solo causa vergüenza. Es la Asamblea Nacional la que se ha impuesto la necesidad de suprimir un título que pertenecía a Navarra. ¿tenía potestad [para hacerlo]?

Estamos convencidos de que una pequeña modificación habría podido conciliar ambas posturas. Es cierto, tanto en Navarra como en Francia, que el Rey es Rey según las leyes constitucionales. ¿Por qué no decir *Luis, por la gracia de Dios y por las leyes constitucionales, rey de los franceses y de Navarra*? Esta fórmula elíptica habría tenido la triple ventaja de no dañar el oído, cumplir con el contenido del Decreto del 8 de octubre y preservar el título de *Rey de Navarra.* Estas palabras, *según las leyes constitucionales*, se habrían aplicado a cada uno de los dos reinos. Luis habría sido *Rey de los franceses por las leyes constitucionales del Reino de Francia*, y *Rey de Navarra por las leyes constitucionales del Reino de Navarra.*

§ IX.

Fórmulas para evitar la enemistad entre los dos Reinos.

Los Estados Generales de Navarra tienen el derecho de reunirse en Junta sin el permiso del Rey para deliberar sobre asuntos urgentes e imprevistos.

A día de hoy tienen que deliberar,

1. Sobre el acto de despotismo ministerial que disolvió los Estados que el Rey había convocado extraordinariamente.
2. Sobre la negativa de realizar el juramento.
3. Sobre la supresión del título de Rey de Navarra.
4. Y tal vez, sobre todo, sobre la cuestión de la unión con el Reino de Francia.

De la prontitud y la sabiduría de las deliberaciones de los Estados sobre estos cuatro importantes puntos dependerá la salvación de Navarra; y me atrevo a agregar, el descanso y la seguridad de Francia.

En el mes de julio de 1789 Navarra se acogió a su Constitución, deseaba seguir siendo un Reino independiente, porque entonces Francia no tenía constitución y era muy incierto que pudiera dotarse de una buena.

Ahora se conocen las bases de esta constitución y no se puede dudar de que es más perfecta que la de Navarra.

Solo hay dos cosas a considerar,

1. ¿Podemos asegurar que ningún evento contrariará a la Asamblea Nacional? ¿Se le dará tiempo para completar esta constitución y tomar todas las medidas necesarias para que sea inviolable?
2. Conocemos algunos de los conceptos básicos de la futura ley francesa. Del mismo modo, podemos prever cuáles serán las funciones y la organización de los órganos administrativos que proponen establecer en todos los países de dominación francesa.

¿Las leyes proyectadas en referencia a la propiedad se adaptarán a Navarra? ¿La organización del nuevo órgano administrativo, que reemplazará a sus Estados Generales, conviene [a los navarros]?

Ante el estado actual de las cosas estas son las únicas cuestiones que pueden hacer que Navarra dude con respecto a la unión [con Francia]. Pero estas dudas, especialmente las primeras, son difíciles de resolver.

Si Navarra decide unirse a Francia, si se adhiere a los decretos de la Asamblea Nacional, entonces será inútil ocuparse de la disolución de los Estados y del rechazo a realizar el juramento. La mera cuestión de suprimir el título de *Rey de Navarra* será de muy poca relevancia.

¿Qué le importa ahora a Navarra la disolución de sus Estados Generales, y el rechazo del juramento del Rey, y la supresión del título de *Rey de Navarra* si, por su incorporación a Francia, renuncia a su constitución, a sus Estados Generales y a su título de Reino?

En este caso, los Estados Generales de Navarra, reunidos por Órdenes, solo tienen que aprobar un decreto mediante el cual declararían

1. Que consienten que Navarra esté siempre unida e incorporada a Francia, para ser una parte integrante del Reino de los Franceses, gozando de la misma naturaleza, calidad y condición que los demás integrantes de dicho Reino de los Franceses; en dicho caso, el título de *Rey* y de *Reino de Navarra* son y seguirán siendo abolidos.
2. Que renuncian a la constitución y a los Fueros, franquicias, privilegios y libertades de Navarra, y que se regirán por la constitución y las leyes del Reino de los franceses; y que, consecuentemente, se adhieren a todos los decretos hechos y por hacer de la Asamblea Nacional de Francia.
3. Que nombran cuatro Diputados, a quienes otorgan poderes generales, ilimitados y suficientes, para proponer, protestar, informar y consentir, en la Asamblea Nacional de Francia, sobre todos los temas relacionados con la constitución, la legislación, la administración y los impuestos.
4. Que, para que la unión e incorporación de los dos Reinos sea estable e irrevocable para siempre, se confirme, según sea necesario, el decreto sobre el orden de sucesión al trono de Navarra, ordenando de nuevo que de ahora en adelante esta sucesión sea puramente agnática, como la de la Corona de Francia y que, en consecuencia, encarguen a sus Diputados que presenten este decreto a la Asamblea Nacional de Francia y exijan que se integre entre las leyes constitucionales del Reino.

Pero, también en este caso, sería necesario que la Asamblea Nacional de Francia recibiera a los Diputados de los Estados Generales de Navarra, como representantes de un Reino independiente.

Nadie debería disgustarse por este acto de independencia, ya que sería el último.

Incluso le interesaría mucho recibirlos porque sin esta recepción la unión y el cambio en el orden de sucesión de la Corona serían imposibles. Solo los Estados Generales de Navarra pueden dar un consentimiento válido a la unión. Solo ellos pueden cambiar el orden de sucesión de la Corona de Navarra. Solo ellos pueden transmitir a la Asamblea Nacional de Francia su poder legislativo sobre Navarra.

En una palabra, la unión solo puede hacerse mediante un tratado entre dos potencias independientes. La dependencia o la subordinación de una de ellas solo puede ser el efecto de la unión.

Si Navarra se niega a unirse a Francia, y si el Rey y la Asamblea Nacional de Francia persisten en negar de un lado el juramento real y, del otro, el título de Rey de Navarra, lo digo a regañadientes, pero solo quedaría una solución: que Navarra se declare república independiente y se gobierne a sí misma.

Tiene derecho a hacerlo.

Los Ministros que disolvieron los Estados violaron su constitución. Este solo hecho es suficiente para que se libere del juramento de fidelidad en el caso de que hubiera un juramento.

Solo en virtud de un juramento entre Navarra y el Rey puede existir un vínculo mutuo. Solo después de prestar juramento puede el Rey ser proclamado y reconocido como tal. La negativa de prestar juramento anula el vínculo entre Navarra y el Rey.

Al suprimir el título de *Rey de Navarra*, la Asamblea Nacional de Francia ordenó al Rey que abdicara de la Corona de Navarra dado que, como descendiente de Enrique IV, detenta el título de *Rey de Navarra*.

El decreto que elimina este título es un artículo de la constitución francesa por lo que el Rey no puede aceptar esta orden a menos que abdique a la Corona francesa. Por tanto, es necesario que abdique a la Corona de Francia o a la de Navarra; y sabemos que no hay necesidad de sopesar dicha elección.

Quienes dudan de que Navarra pueda mantener su independencia, no conocen sus montañas, ni la intrepidez de los vascos, ni su amor por la libertad.

Y si esta nueva República careciera de ayuda exterior, ¿creemos que carece de protectores? Francia misma, Francia, que no quiere permitir a día de hoy que Navarra exista como Reino, Francia, si escucha sus intereses, será la primera en reconocerla como República, en aliarse con ella, para ofrecerle su protección.

República o Reino, Estado independiente o Provincia de Francia, es necesario que Navarra sea siempre el amigo y aliado de Francia. Es necesario para la felicidad de los navarros, pero quizás aún más para la seguridad de Francia. Esto es lo que los ministros y la Asamblea Nacional de Francia no han sabido entender. Confío en que lo piensen de nuevo y que reparen, si el tiempo lo permite, el mal que han hecho.

Extracto de los Registros de los Estados Generales del Reino de Navarra, del 27 de marzo de 1789

La Comisión encargada de examinar una copia de la carta del Rey para la convocatoria de los Estados Generales en Versalles con fecha de 19 de febrero de 1789 y el reglamento anexo de la misma fecha, ambos dirigidos a Navarra, observó tres errores capitales con respecto a la fórmula de convocatoria adoptada por Su Majestad.

1. La carta y los reglamentos están dirigidos a la *Provincia de Navarra*, y en los reglamentos hace referencia Su Majestad a su *Provincia de Navarra.*
2. Se dice que en los Estados de la Provincia de Navarra *los dos primeros Órdenes están confundidos.*
3. Que estos Estados están compuestos solo por Miembros naturales o necesarios.

Con respecto a la calidad de *Provincia* que se le ha dado a Navarra, se concluye *que no hay dificultad para establecer la forma de convocatoria que el Rey ha adoptado para el resto del Reino de Francia.*

Por lo que respecta al segundo y tercer punto, se concluye que *no se puede formar la delegación completa de una diputación directa, la cual sería enviada por los Estados de Navarra.*

1. Navarra no es una Provincia del Reino de Francia, es un Reino aparte, sujeto al Rey de Francia, pero distinto e independiente del Reino de Francia.

Ciertamente no era una provincia de Francia antes de la adhesión de Enrique IV al trono de Francia: ciertamente tampoco se convirtió [en una provincia] bajo el reinado de Enrique IV, ni durante los primeros diez años del de Luis XIII.

Es muy cierto que en el mes de octubre de 1620 Luis XIII dio un edicto para unir el Reino de Navarra a la corona de Francia.

Pero tal es la constitución del Reino de Navarra, que estos reyes no pueden hacer ninguna ley, sin el consejo, el consentimiento y la voluntad del pueblo representado por los tres Estados. La Constitución es más antigua que la monarquía de Navarra porque los navarros establecieron esta constitución antes de darse un rey; y esta constitución ha sido reconocida, jurada y respetada por los reyes de Navarra durante más de novecientos años, desde la fundación de la monarquía hasta 1620; esta constitución, que el mismo Luis XIII y todos sus sucesores han jurado mantener y observar inviolablemente es una constitución que no podía ser derogada ya fuera por una serie de crímenes prolongados a lo largo de los siglos, por el silencio de los navarros o por cualquier acto de autoridad absoluta; no solo porque los derechos de las naciones son imprescriptibles, sino también porque se dice en los Fueros de Navarra que los Reyes *nunca podrán empeorarlos*. Es una constitución que [la alta]

Navarra aún conserva en todo su vigor, a pesar de haber sido conquistados y estar bajo el dominio del Monarca más absoluto de Europa.

Ahora bien, los Estados del Reino de Navarra nunca dieron su consentimiento a dicha unión del mes de octubre [de 1620], sino que, por el contrario, se reunieron el 3 de noviembre de 1620 y enviaron diputados al Rey, para rogarle que *declarase nulo y sin efecto el dicho edicto*, ya que era contrario a los privilegios, derechos y libertades de Navarra.

En conclusión, el Edicto de Unión nunca tuvo efecto alguno y Navarra siempre ha conservado su título de Reino. Luis XIII y sus sucesores siempre detentaron el título de *Reyes de Navarra* junto al de *Reyes de Francia*. Nunca han ignorado la obligación de prestar un juramento especial a Navarra, además del juramento que hacen como Reyes de Francia en la ceremonia de coronación.

Los Estados del Reino de Navarra siempre han conservado el título de *Estados Generales*. Por tanto, representan el Cuerpo soberano de la Nación [*Corps de Nation*], no solamente una Provincia, miembro de otro Cuerpo Nacional.

2. Su Majestad ha incurrido en un error al afirmar que en los Estados del Reino de Navarra *se confunden los dos primeros Órdenes*. Siempre han sido y todavía se componen por tres Órdenes distintos, cada uno de los cuales opina y delibera por separado: el Clero, la Nobleza y el Tercer Estado.

3. Es cierto que un cierto número de Eclesiásticos y todos los propietarios de las tierras nobles de Navarra son miembros naturales y necesarios de los Estados Generales del Reino de Navarra. En efecto, la constitución determina que el Clero y la Nobleza de Navarra estén representados, y lo hacen de manera válida y efectiva. Si la constitución estuviera corrompida, su representación sería incompleta y el Rey no podría hacer ninguna nueva ordenanza sobre estos puntos sin el consejo, consentimiento y voluntad de los Estados del Reino de Navarra.

Es asimismo cierto que el Tercer Estado está compuesto por cuatro Comunidades representadas por sus Alcaldes y Jurados, Miembros naturales o necesitados de los Estados. Todas las demás Comunidades eligen libremente a sus representantes.

Esta prerrogativa atribuida a Alcaldes y Jurados en cuatro Comunidades no se mantiene en la constitución. Es un abuso resultante del Gobierno y debe ser reformado. Pero este hecho no es razón para infringir todos los demás derechos, franquicias y libertades del Reino de Navarra.

La Comisión considera que la fórmula de convocatoria que Su Majestad ha utilizado en Navarra contradice en muchos puntos la constitución de este Reino, y que ningún navarro puede aceptarla, ni contribuir a su ejecución, sin ser culpable de traicionar a su país.

1. La carta de convocatoria está dirigida al Senescal de Navarra o a su teniente. Es ante ellos que Su Majestad quiere que todos los habitantes de Navarra se reúnan.

   No obstante, la constitución del Reino de Navarra rige que solo los Estados Generales pueden deliberar sobre todo lo que concierne al interés general de ese Reino.

   Desde el Edicto de Unión ha habido tres convocatorias de los Estados Generales del Reino de Francia, dos en 1649, una en 1651. Las cartas de convocatoria fueron enviadas a Navarra, pero siempre dirigidas a los Estados Generales del Reino de Navarra, nunca al Senescal ni a su Teniente. Fueron los Estados Generales del Reino de Navarra, y no toda la Nación, los que deliberaron sobre la delegación o no delegación a los Estados Generales del Reino de Francia.

2. La carta de convocatoria *ordena y exige* al Senescal que reúna a todos los Habitantes de Navarra, para elegir diputados a los Estados Generales del Reino de Francia. El reglamento anexo a la carta exige asimismo imperativamente que en esta Asamblea *se procederá la elección de los Diputados* ante el Senescal o su Teniente.

   Esto es, la carta y el reglamento anexo presuponen que Navarra está obligada a enviar Diputados a los Estados Generales del Reino de Francia, y que no puede prescindir de ellos.

   Luis XIV cometió el mismo error en 1649; pero los Estados Generales del Reino de Navarra mantuvieron sus derechos y su independencia a pesar de la orden de diputar, deliberaron para no diputar y el propio Luis XIV reconoció en 1651 que tenían derecho a diputar o a no hacerlo. No les envió una orden ni una citación sino una invitación a diputar. Fue por el miedo *a disgustarlos* que les cursó esta invitación, para que obrasen a su propia discreción y como creyeran más conveniente.

3. En la carta de convocatoria se establece que los Diputados de Navarra recibirán instrucciones y *poderes generales y suficientes* para proponer, protestar, asesorar y *consentir todo lo que pueda afectar a las necesidades del Estado, la reparación de los agravios, y la restauración de un orden fijo y sostenible en todas las facetas de la administración.*

Esta carta, en consecuencia, condena a Navarra, a someterse a los Estados Generales de Francia y a suscribir la ley de los Estados Generales de Francia en todo lo que concierne a la reparación de los agravios de su sistema interno así como en lo referente a todos los aspectos de su administración.

Pero Navarra nunca ha conocido ningún otro Poder Legislativo ni ningún otro Cuerpo de Reforma y Administración que sus propios Estados Generales.

Siempre ha tenido el derecho de ofrecer a los Reyes únicamente donativos voluntarios y el derecho de aprobar solo aquellos impuestos establecidos por sus Estados Generales, sin la imposición de ningún otro organismo administrativo. Los Estados Generales de la Alta Navarra aún ejercen este derecho en toda su extensión bajo el dominio español. El de la Baja Navarra no siempre ha sido respetado; pero nunca fue cuestionado directamente, y Luis XIV lo reconoció formalmente en su respuesta al cuaderno que le presentaron en 1643 los diputados de los Estados Generales del Reino de Navarra.

Es obvio que el derecho de gobernarse a sí misma es más beneficioso para Navarra que el de ser gobernada por una Asamblea donde contaría únicamente con cuatro votos frente a mil o a mil doscientos.

Y, ¿qué sería de los Navarros si el Cuerpo a cuyas deliberaciones quieren someterlos adoptara un plan de impuestos que, inspirado inapelablemente por la administración de las finanzas, establece gabelas en Navarra y en todos los países sujetos al dominio del Rey de Francia, para hacerlo un poco más soportable en los países donde ya están en vigor?

Por estas razones, la Comisión considera que la forma de convocación de Bailíos y Senescalías es, en lo que respecta al Reino de Navarra, irregular, ilegal e inconstitucional, y [considera asimismo que] debe protestar solemnemente contra cualquier convocatoria a los Estados Generales de Francia o que no se dirija específicamente a los Estados Generales de Navarra, así como contra cualquier forma de Diputación que no sea determinada y propuesta por estos Estados.

Por pluralidad de votos los Estados han hecho saber a los Sres. Comisionados que, en virtud de su fidelidad y su apego a Su Majestad, los Navarros se esforzarán en todo momento por contribuir en proporción de sus posibilidades a la las necesidades del Estado, mediante donaciones voluntarias realizadas en su Asamblea Nacional; que los Estados están convencidos de que no hay en Navarra ningún ciudadano lo suficientemente enemigo de la Patria como para resistirse a la constitución al adherirse a la forma de convocatoria prescrita por el Gobierno, por lo que creen que es necesario abstenerse de tomar medidas para evitar acciones contrarias a sus deseos. Los dichos Estados ordenaron asimismo que la presente Deliberación se notificase al Teniente General del Senescal, a instancias del Síndico General; [y ordenaron también] que la traducción se haga en el idioma del país [euskara], y que [se impriman] quinientas copias en francés y doscientas cincuenta en euskara para su distribuirán en Navarra, a fin de que todos los habitantes del Reino conozcan sus verdaderos intereses. Y aunque es de la mayor importancia que los Estados determinen de antemano si es apropiado delegar o no a los Estados Generales de Francia, se ha decidido nombrar Comisionados para el examen de este tema a fin de elaborar un informe a este respecto.

Recogido por nos, SORHOUET,
Secretario de los Estados Generales de Navarra

Muy humilde y muy respetuosa amonestación de los Estados Generales del Reino de Navarra al Rey

SIRE,

Los Estados Generales de su Reino de Navarra así como los de Bearne deben haberse asustado ante el atentado contra su constitución y sus derechos que ha supuesto la fórmula de convocatoria adoptada por los Estados Generales de Francia, la cual ha sido anunciada al uno y al otro País, así como el hecho de que las Cartas de Convocatoria y el Reglamento anexo se hayan dirigido al Senescal o a su Teniente General.

En Navarra, como en Bearne, los Estados Generales siempre han ejercido los derechos de la Nación; solo ellos han deliberado sobre los asuntos que afectan el interés general de Navarra.

Navarra, como Bearne, siempre ha tenido el derecho de ofrecer a sus Reyes donativos voluntarios, a no someterse a otros impuestos que los que hayan sido libremente aprobados por sus Estados Generales, a no reconocer otros que aquellos que sus Estados Generales han discutido y adoptado libremente, a prestar el juramento debido a sus Reyes y, a que sus Estados Generales reciban el juramento real.

Esta Constitución, Sire, es más antigua que la monarquía navarra, y durante más de mil años todos los Reyes de Navarra han jurado mantener esta Constitución religiosamente.

Desde que Navarra ha tenido la dicha de vivir bajo el gobierno de los Reyes de Francia, su soberanía, separada y distinta de la del Reino de Francia, ha permanecido mucho más incontestable que en Bearne. Navarra nunca reconoció el Edicto de la Unión del mes de octubre de 1620; por el contrario, se opuso a su ejecución y exigió que se declarara nulo porque había sido otorgado sin la deliberación y el consentimiento previo de los Estados Generales del Reino de Navarra: su Majestad y los Reyes sus predecesores siempre se han detentado el título de *Reyes desde Francia* junto al de *Reyes de Navarra* y las armas de Navarra junto a las de Francia. Los Estados de Navarra siempre han conservado el título de Estados Generales del Reino de Navarra.

Luis XIV convocó a los Estados Generales del Reino de Francia en dos ocasiones en 1649 y una vez en 1651. Cada una de estas veces envió las Cartas de Convocatoria a los Estados Generales del Reino de Navarra; nunca al Senescal ni a su Teniente. Fueron los Estados y no toda la Nación los que deliberaron sobre estas tres convocatorias.

Y en la tercera convocatoria, Luis XIV reconoció formalmente que los Estados Generales de Navarra tenían derecho a enviar Diputados a los Estados Generales de Francia o a no hacerlo. Los invitó a ser Diputados, pero solo *para no disgustarlos; y dejó a su discreción actuar como creyeran más conveniente.*

Las cartas de convocatoria dirigidas a Navarra lesionan los derechos de la constitución del Reino.

1. Porque se dirigen al Senescal o su Lugarteniente, y no a los Estados.
2. Porque llaman a toda la Nación a deliberar sobre el envío de Diputados a los Estados Generales de Francia, mientras que la constitución ha confiado el derecho a deliberar sobre estos los asuntos del Reino a los Estados Generales de Navarra, verdaderos y legítimos Representantes de la Nación.
3. Porque presuponen que la Nación navarra está necesariamente obligada a diputar, mientras que Luis XIV reconoció que tenía el derecho de hacerlo y de no hacerlo.
4. Porque se refieren a Navarra como una *Provincia del Reino de Francia* cuando Navarra nunca ha dejado de ser un Reino distinto y separado del de Francia.
5. Porque exigen a Navarra que otorgue a sus Diputados *poderes generales y suficientes para tratar en los Estados Generales de Francia todo lo que pueda referirse a las necesidades del Estado, la reparación de los agravios y el establecimiento de un orden firme y duradero en todas los ámbitos de la administración*: es decir, pretenden someter a Navarra a las deliberaciones de los Estados Generales de Francia, ya sea en materia de impuestos, de legislación o de administración cuando nunca ha dependido con respecto a todas estas materias sino de las resoluciones de sus Estados Generales.

Tales son los motivos, Sire, que han puesto a los Estados Generales de su Reino de Navarra en la necesidad de declarar, mediante su Decreto del 27 de marzo pasado, *que la forma de convocatoria de los Bailíos y Senescalías es, en lo tocante a Navarra, irregular, ilegal e inconstitucional, y para protestar solemnemente contra cualquier citación a los Estados Generales de Francia que no se dirija a los Estados Generales de Navarra, así como contra cualquier delegación que no sea discutida y nombrada por estos Estados.*

Informados de que los Estados Generales de Bearne habían enviado Diputados a su Majestad para pedirle que se retirara o que se considerara que esta forma de convocatoria era impropia y, tranquilizados de antemano por la Declaración que su Majestad ha hecho en relación a respetar todos los derechos de todos sus Súbditos, los Estados Generales de su Reino de Navarra no han temido, Sire, que la intención de su Majestad fuera violar los derechos que sus augustos antecesores, cuando incluso el propio Luis XIV creyó su deber respetarlos. Y han esperado en un respetuoso silencio la decisión de su Majestad sobre la reclamación de los Diputados de Bearne.

Su esperanza no ha sido decepcionada. Su Majestad, Sire, ha restaurado a Bearne su Constitución y sus derechos; y a sus Estados el derecho exclusivo de deliberar sobre la necesidad de delegar o no a los Estados Generales de Francia, y a decidir sobre la forma de esta delegación. Navarra, cuyos derechos son al menos iguales a los de Bearne, no obtendrá menos de su forma de hacer justicia.

Se atreve no obstante a rogarle, Sire, que haga por ella lo que ha hecho por Bearne: retirar las Cartas de Convocatoria de los Estados Generales de Francia dirigidas al Senescal de Navarra o a su Teniente y dirigirlas solo a los Estados Generales de su Reino de Navarra; y a apropiar su forma, sustancia y condiciones, a la Constitución y los derechos y franquicias de Navarra.

Aunque Bearne y Navarra tenían originalmente los mismos derechos, existen, ya sea en la Constitución o en los abusos que pudieron haberlos alterado, diferencias que son ventajosas para Navarra:

1. Los estados de Bearne se componen solo de dos Órdenes. El Clero y la Nobleza están confundidos. A Su Majestad le pareció que era lo mismo en Navarra, pero es un error. El Clero, la Nobleza y el Tercer Estado son tres Órdenes separados.
2. En Navarra, como en Bearne, la representación del Clero está perfectamente de acuerdo con lo prescrito por la Constitución.
3. En Navarra, mucho más que en Bearne, el Orden de la Nobleza está representado en los Estados tan completamente como puede y debe estar.
4. En Bearne hay un gran número de Comunidades que no concurren al nombramiento de sus Representantes en los Estados. En Navarra, no hay ninguna que no concurra directa o indirectamente.
5. En Bearne, los abusos han degradado tanto la organización constitucional de los Estados que no hay en el Tercero un solo miembro que haya sido elegido libremente por la Comunidad del cual afirma ser el Representante. En Navarra, por contra, si hay abusos, son pequeños y fáciles de corregir.

Navarra tiene solo cuatro Villas, encabezadas por Alcaldes y Tenientes de Alcalde, que son los Diputados naturales y necesarios de sus Comunidades: Saint-Jean-Pied-de-Port, Saint-Palais, Garris y Bastide-Clairence. Estos Alcaldes y Tenientes de Alcalde no son titulares de sus cargos, sino que están comisionados. Por lo tanto, para corregir el abuso no es necesario reintegrar suma alguna.

Cada una de estas Comunidades tiene dos Diputados y la villa de Saint-Jean-Pied-de-Port es la única donde el segundo Diputado no es elegido por la Comunidad, sino solo por el Municipio.

Se ruega a Su Majestad, Sire, que devuelva a estas cuatro Comunidades el derecho de ser representadas en los Estados del Reino de Navarra solo por los diputados que hayan elegido libremente. Esta reforma por sí sola es suficiente para remediar todos los abusos y restablecer la representación de los tres Órdenes como debe ser en virtud de sus derechos constitucionales.

Sin embargo, Sire, si Su Majestad cree que para un acto tan solemne como el de diputar ante los Estados Generales de Francia todos los Órdenes de los Ciudadanos deben estar representados en igualdad numérica; si creyera que los principios que adoptó para las Provincias del Reino de Francia podrían aplicarse al Reino de Navarra, a pesar de la diferencia que necesariamente debe existir entre las características y los poderes de los Diputados de uno y el otro reino; Su Majestad siempre encontrará en los Estados del Reino de Navarra una institución dispuesta a ajustarse a su punto de vista, en el caso de que decidan enviar diputados a los Estados Generales de Francia.

Pero también en este caso, habida cuenta de que supone una derogación temporal de la Constitución de los Estados de Navarra y dado que la conformación de la representación propuesta para el Clero depende de las circunstancias locales que solo los Estados están en condiciones de conocer, y teniendo en cuenta que sería imposible para ellos presentar en este momento los detalles a Su Majestad, se le suplica muy humildemente que se sirva otorgar a los Estados Generales de Navarra la misma confianza con la que acaba de honrar a los de Bearne, y dejar a su albedrío la tarea de determinar la conformación de su representación.

Solo piensan que es necesario mostrar a Su Majestad que la representación constitucional del Orden del Clero en los Estados del Reino de Navarra está compuesta por los obispos de Bayona y de Dax, y de cuatro sacerdotes en representación de cada una de las diócesis.

Su Majestad ha expresado otro deseo con respecto a la representación de las Provincias de Francia en los Estados Generales convocados en Versalles en relación al hecho de que el Tercer Estado tiene un número de Representantes igual al de los dos primeros Órdenes juntos. Aunque esta igualdad es absolutamente contraria a la organización establecida por la Constitución de los Estados del Reino de Navarra, en el caso de que dichos Estados decidan enviar Diputados a los Estados Generales del Reino de Francia, consienten en derogar, solo por esta ocasión, este punto de su Constitución, y dotar al Tercer Estado en los Estados Generales de Francia de una representación igual a la de los dos primeros Órdenes.

Y si bien sería posible que la decisión de su Majestad no llegue a los Estados Generales del Reino de Navarra antes de que expiren las seis semanas, el plazo fijado para la celebración de las sesiones de dichos Estados, se ruega a su Majestad que sea consciente de que están esperando, sin clausurarse, la llegada de sus órdenes.

Tales, Sire, son las protestas más humildes y respetuosas presentadas a Su Majestad,

Sus sujetos muy humildes, muy sumisos y muy fieles, la gente de los Estados Generales del Reino de Navarra.

Firmado

E. I. Obispo de Bayona, Comisionado del Clero.
ELIÇAGARAY, Sacerdote Mayor, Comisionado del Clero.
El marqués de LOGRAS, Comisionado de la Nobleza.
Marqués D'ESQUILLE, Comisionado de la Nobleza.
POLVEREL, Comisionado de la Nobleza.
FARGUES, Comisionado del Tercer Estado.
MARTICHE, Comisionado del Tercer Estado.
BAYHAUT, Comisionado del Tercer Estado.

En Saint-Jean-Pied-de-Port, el 4 de abril de 1789.

Carta de los Estados Generales del Reino de Navarra al Rey

SIRE,

Todos los Reyes pueden errar: los buenos Reyes escuchan la verdad y reparan el error cuando lo descubren. Pero para satisfacer los deseos de sus súbditos, para reformarse y reparar el mal del que nadie se ha quejado todavía, uno debe ser Enrique IV o Luis XVI.

SU MAJESTAD preparó en Francia la restauración de la Constitución y la libertad pública. Al asimilar, para este gran trabajo, Navarra a Francia, no podría haber previsto que lo que era una bendición para Francia podría ser un flagelo para Navarra.

Tal es, sin embargo, SIRE, la diferencia entre estos dos Reinos, que la fórmula de convocatoria de los Estados Generales que exigía la restauración de Francia, aniquiló la Constitución, los Derechos y la Libertad de Navarra.

Navarra tiene desde hace más de mil años una excelente Constitución. Francia aún no ha encontrado la suya.

En virtud de la Constitución del Reino de Navarra, el ejercicio de los derechos de la Nación se confía a sus Estados Generales; y no fue a los Estados Generales del Reino de Navarra a donde se dirigieron las cartas de convocatoria.

Navarra es independiente de Francia. Luis XVI reconoció que tiene el derecho de enviar o no enviar Diputados a los Estados Generales de Francia; y las cartas de convocatoria describieron a Navarra como una Provincia de Francia, y le impusieron la ley de enviar Diputados a los Estados Generales del Reino de Francia.

Navarra siempre ha tenido el derecho de ofrecer a sus reyes únicamente donativos voluntarios, cuya cuantía siempre ha sido determinada por sus Estados Generales; y las cartas de convocatoria sometieron a Navarra a todos los impuestos que se determinaran en los Estados Generales de Francia.

Estos ataques a los derechos y franquicias de Navarra son el objeto de las humildes y respetuosas reclamaciones de que nos hemos tomado la libertad de dirigir a SU MAJESTAD el 4 de este mes.

Su forma de administrar justicia ha sido advertida, SIRE. Dieciocho horas después de su partida, un servicio de mensajería de nuevos pedidos de SU MAJESTAD ha disipado las alarmas en Navarra. Se revocaron las primeras cartas de convocatoria. Se anuncian nuevas cartas a los Estados Generales del Reino de Navarra. SU MAJESTAD ya no ordena el envío de diputados a los Estados Generales de Francia sino que nos invita como Luis XIV invitó a nuestros padres; y nos autoriza a determinar la forma y los poderes de nuestros Diputados, y a determinar los límites, restricciones y condiciones que consideremos necesarios para la preservación de nuestra Constitución, nuestros Derechos y nuestros privilegios.

Este acto de justicia, SIRE, ha producido en Navarra vivos signos de gratitud que emanan de la propia determinación de SU MAJESTAD, y que no ha sido generados por nuestras reclamaciones. SU MAJESTAD podrá pronto, SIRE, sentir los corazones navarros. Verá cómo saben amar a sus Soberanos, de qué esfuerzos y sacrificios son capaces por quien heredó el trono y las virtudes y la popularidad de Enrique IV. ¡Que su ejemplo, SIRE, enseñe a todos los Reyes que su verdadero interés es ser justo y bueno!

Nos despedimos con profundo respeto,
DE SU MAJESTAD,
SIRE,

Los muy humildes, muy fieles y muy sumisos servidores y súbditos, el Pueblo y los Estados Generales del Reino de Navarra,

Firmado

ELIÇAGARAY, Sacerdote Mayor de Saint Jean, Comisionado del Clero.

Comisionados de la nobleza:
El marqués de LOGRAS
ALÇU
POLVEREL

Comisionados del Tercer Estado:
FARGUES
BAYHAU
MARTICHE

En Saint-Jean-Pied-de-Port, el 8 de abril de 1789.

Cuaderno de los Agravios presentados al Rey por los Estados Generales del Reino de Navarra

SIRE,

SU MAJESTAD ha declarado solemnemente que desea restaurar a sus súbditos el ejercicio de todos sus derechos; los de Navarra no son inciertos ni equívocos. Se fundamentan en el título que le dio Reyes a Navarra, y este título primordial aún existe. A veces se han reconocido y en otras ocasiones se ha violado, pero en cada nuevo reinado el juramento de los reyes regeneraba la constitución y restauraba todas las franquicias y libertades de los Navarros.

Por tanto, no es una nueva constitución ni nuevos derechos lo que los Estados Generales de su Reino de Navarra piden a Su Majestad. Pobres como son, para poder ser felices y libres, sus Gentes de Navarra tan sólo necesitan ser lo que han sido por más de mil años, y preservar o recuperar los derechos que sus predecesores han jurado guardar, lo cual Su Majestad también ha prometido guardar y observar, en espera de hacer este mismo juramento.

ARTÍCULO PRIMERO.

Juramento del Rey a sus Súbditos, y los Súbditos al Rey.

Todos los reyes de Navarra deben, antes de ser proclamados reyes, prestar juramento a los Estados Generales del Reino de Navarra; reciben el de los Estados solo después de haber hecho el suyo. Es en el Reino de Navarra donde se debe hacer este juramento mutuo.

Desde la adhesión de Su Majestad al trono, no se ha podido aún ausentar de su Reino de Francia por un momento para llegar al de Navarra. Ahora menos que nunca, en un momento en el que Su Majestad está ocupado en restaurar la libertad pública en todos los países bajo su dominio.

Pero Su Majestad prometió en 1776 a sus súbditos del Reino de Navarra hacer el mismo juramento que sus predecesores. Si no lo hizo entonces es porque pensó que debería ahorrarle a Navarra el gasto de una diputación.

Este motivo financiero ya no es un obstáculo, ya que Su Majestad ha invitado a los Estados Generales de su Reino de Navarra a enviar una delegación a Versalles.

Si Su Majestad ha considerado apropiado que los Estados Generales de Navarra envíen diputados a Versalles para ocuparse de los asuntos del Reino de Francia, ¿cuánto más no deberían enviar diputados para tratar los asuntos de Navarra, para consagrar en todas partes aquel compromiso sagrado y más augusto, el más importante que puede contraerse entre los hombres, el de un Rey hacia sus Súbditos, y el de los Súbditos hacia su Rey; y pedirle a Su Majestad la reparación de las quejas hechas en el Reino de Navarra bajo los reinados de sus predecesores?

Es en el Reino de Navarra donde el juramento de los Estados debe hacerse a su Majestad, y el de su Majestad a los Estados, pero estos ceden ante la necesidad de las circunstancias y dotan a sus Diputados de todos los poderes necesarios para recibir y prestar este juramento mutuo en su Reino de Francia; bajo la condición, no obstante, de que este juramento tomado y recibido de dicho Reino de Navarra, nunca pueda ser hecho en detrimento de los Fueros, usos, franquicias, libertades y privilegios de Navarra, que exigen que el juramento de sus Reyes y el suyo propio se haga en dicho Reino de Navarra.

Los Estados Generales de su Reino de Navarra ruegan a Su Majestad, por tanto, que le sea dado hacer el mismo juramento que los Reyes que sus antecesores han hecho por medio de sus Diputados, y recibir el suyo por boca de los representantes su dicho Reino, todo en la forma y manera que se detalla a continuación. Está inserto en los juramentos de los antiguos reyes de Navarra, predecesores de Su Majestad, y de los reyes de España, desde el desmembramiento de las dos Navarras. Los Diputados están a cargo de hacer ver a su Majestad que estos juramentos se cumplan.

Fórmula del juramento de su majestad.

NOSOTROS, LUIS, POR LA GRACIA DE DIOS, REY DE FRANCIA Y DE NAVARRA, a Ustedes, diputados ante nosotros de las gentes de los tres Estados de nuestro Reino de Navarra, tanto en su nombre como en nombre de todos nuestros Súbditos de nuestro Reino de Navarra, quienes, aunque ausentes, se considera como si estuvieran aquí presentes, les juramos sobre esta santa Cruz y los santos Evangelios que tocamos con nuestras manos, que mantendremos y guardaremos, y haremos mantener y guardar, durante todo el tiempo de nuestra vida, sin infracción alguna, para Ustedes y para cada uno de Ustedes, presentes y ausentes, y para sus sucesores, y para todos nuestros Súbditos del Reino de Navarra, todos sus Fueros, usos, costumbres, franquicias, libertades y privilegios, tal como los tienen, en la forma en que se ha acostumbrado a tenerlos, sin que puedan ser interpretados sino en beneficio de la utilidad, beneficio y honor de nuestro Reino de Navarra. Juramos que los mejoraremos y que nunca los empeoraremos total o parcialmente; que enmendaremos y repararemos, y que haremos enmendar y reparar bien y completamente, sin excusarnos bajo ningún pretexto, todos los agravios y la violencia que nuestros predecesores, los Reyes de Navarra, a quienes Dios absuelva, o los oficiales que en su momento fueron nombrados en dicho Reino de Navarra, así como por aquellos que podrán ser nombrados por nosotros y por nuestros oficiales, les hayan causado a Ustedes y a sus predecesores, de acuerdo al arbitrio de los buenos y sabios hombres naturales del Reino de Navarra. Además, juramos que ninguna moneda de curso legal será acuñada en nuestro Reino de Navarra sin el consentimiento de los tres Estados de dicho Reino, de conformidad con las leyes de dicho Reino; y no hacer guerra, ni paz o tregua, ni ninguna otra empresa importante para dicho Reino, ni establecer ningún Tribunal de Justicia sin el consejo de los dichos Estados; ni otorgar propiedades, gracias y dignidades de dicho Reino sino a nuestros Súbditos naturales del mismo, y no a personas extranjeras; y no proporcionar a ningún extranjero ninguna Oficina o Empleo en este Reino, excepto hasta cinco extranjeros, cada uno de los cuales puede tener una sola Oficina o Empleo; no confiar la custodia de castillos o fortalezas de dicho Reino a nadie que no sea natural del mismo; no hacer ninguna donación, venta, enajenación, intercambio, unión, incorporación o anexión de dicho Reino, en su totalidad o en parte, con cualquier otro Reino o Tierra; y no hacer Estatuto, Fuero o Ley alguna que sea perjudicial para el orden establecido por dichos Estados para la sucesión de dicho Reino de Navarra; y si lo hiciéramos, queremos que todo sea inútil y sin valor. Además, juramos que no permitiremos que ningún hombre o mujer de dicho Reino de Navarra sea apresado, arrestado o encarcelado cuando garanticen que actuarán legalmente, según el Fuero, excepto que dicho hombre o mujer haya sido declarado culpable de un delito capital por un tribunal. Queremos y nos place que, si violamos alguno de los asuntos mencionados anteriormente, dichos Estados y el Pueblo de nuestro Reino de Navarra no estén en modo alguno obligados a obedecernos en aquello que hallamos infringido. Permítannos declarar además que el juramento que hacemos a Ustedes y el que Ustedes van a hacernos fuera del Reino de Navarra no ha de entenderse en detrimento de los derechos, costumbres, libertades y privilegios de nuestro Reino de Navarra; y que, después de haber terminado los asuntos que nos mantienen en nuestro Reino de Francia, procederemos lo más rápidamente posible a visitar este Reino de Navarra, y haremos el juramento que acabamos de hacer a sus Diputados en persona, ante los dichos tres Estados.

Forma del juramento que los Diputados de los Estados deben prestar a su Majestad.

Nosotros, tanto en nuestro nombre como en nombre de cada uno de nosotros, y en nombre de los tres Estados y de cada uno de los súbditos de su Reino de Navarra, jura a Su Majestad sobre la Cruz y los Evangelios Sagrados sobre los que ponemos nuestras manos, que mantendremos y defenderemos a su persona, su Reino, sus Dominios y al Pueblo de Navarra; y que asistiremos fiel y lealmente a Su Majestad en el mantenimiento de los Fueros.

Después de que este doble juramento ha sido hecho y recibido, se le ruega a Su Majestad que nos dé su mano para que dichos Diputados la besen.

ART. II.

El dominio de la corona de Navarra pertenece a la nación. No puede ser enajenado sin su consentimiento. Su Majestad lo ha reconocido al revocar, por el decreto de su Consejo del 22 de enero de 1775, algunas enajenaciones realizadas por los reyes Luis XIV y Luis XV. Pero los Estados Generales de su Reino de Navarra únicamente han obtenido esta revocación ofreciendo reembolsar a sus compromisarios la cuantía que habían pagado al Tesoro Real, y pagando a Su Majestad una contribución anual de trescientas libras por este objeto.

Debido a que este sacrificio pecuniario puede poner en duda el principio de la inalienabilidad del patrimonio, y las enajenaciones ya hechas, u otras que pudieran hacerse en el futuro, se ruega a Su Majestad que se avenga a

1. Suprimir la contribución anual de trescientas libras.
2. Declarar, por una ley pública y solemne, que el Dominio de la Corona pertenece a la Nación, y que no puede ser enajenado o alienado sin el consentimiento previo de los Estados.

ART. III.

Dado que el Dominio de la Corona proviene de la Nación y le pertenece, depende de ella determinar los derechos, los atributos y las prerrogativas de este Dominio. Ningún otro tribunal tiene derecho a juzgar sobre este punto. Debido a que su Majestad solo detenta la administración de este Dominio, es del todo irrazonable que el administrador de los Dominios, que es solo el delegado de Su Majestad en esta parte, tenga la facultad de litigar en nombre de Su Majestad y en contra el Reino de Navarra, sobre los derechos y atributos del Patrimonio de la Corona.

La Nación ha adjudicado a este Dominio [de la Corona] ciertas porciones de tierra en virtud de las asignaciones que ha ordenado y escogido libremente para los Reyes. No ha asignado ni reservado a los Reyes ningún derecho sobre otras tierras. El carácter alodial de las tierras, que es de derecho natural, y que debería ser la ley universal de todos los Reinos es, por tanto, una de las leyes fundamentales de su Reino de Navarra.

Sin embargo, el administrador de su Dominio se ha esforzado por establecer en Navarra la máxima de *no hay tierra sin Señor*, y esa otra máxima de que *Su Majestad es el Soberano de todas las Tierras de su Reino de Navarra*, y ha hecho esta reclamación ante el Consejo de su Majestad.

Los Estados Generales de su Reino de Navarra han decretado, con la venia de Su Majestad que:

1. Solo a ellos pertenece al derecho de determinar los atributos, derechos y prerrogativas del Patrimonio de la Corona.
2. El derecho de señorío o soberanía universal sobre todas las tierras cuya alodialidad no está probada por títulos ni es ni nunca ha sido un derecho ni un atributo del Dominio de la Corona de Navarra; que la máxima, *no hay Tierra sin Señor*, ni esta otra máxima, *el Rey es el único Señor Soberano de todas las Tierras del Reino*, ha tenido nunca lugar en el Reino de Navarra. Por el contrario, la máxima *no hay Señor sin título* ha sido desde siempre una de las leyes fundamentales de este Reino, una de las principales franquicias y libertades de los navarros.

Suplican por tanto a Su Majestad que reconozca, por ley, estas dos peticiones.

ART. IV.

Sin duda, los navarros deben contribuir al gasto público: esta es la obligación de todos los hombres unidos en sociedad. Pero corresponde a los Estados de Navarra fijar la cuota de la contribución, regular su forma, duración y condiciones; otorgan a sus Soberanos donativos voluntarios y no se puede establecer ningún impuesto en el Reino de Navarra sino por orden de los Estados.

Esta inmunidad de Navarra nunca ha sido cuestionada directamente; incluso fue reconocida formalmente por los Reyes sus predecesores; pero asimismo fue violada con demasiada frecuencia. Navarra gime bajo el peso abrumador de una serie de impuestos directos e indirectos que los Estados Generales no han ni ofrecido ni consentido voluntariamente. Capitación, vigésimas, socorro hospitalario, dos soles por libro sobre sus donativos voluntarios, privilegio exclusivo para la venta de tabaco, derecho de feria, derecho sobre los aceites, derecho sobre cueros, derecho del último octavo sobre los bienes enajenados a las comunidades seculares, derechos sobre la amortización y nuevas adquisiciones, sobre la venta de vinos, creación de Oficinas innecesarias y costosas, subvenciones municipales, papel estampado, derechos de control, sellos, registros seculares y centésima, el control y la inspección de las fábricas, etc., etc.

La mayoría de estos impuestos y sus complementos todavía pesan en Navarra. Navarra se vio obligada a comprar de nuevo por un precio en metálico aquellos que ya no existen.

Todos son nulos, ya que ninguno es un donativo voluntario de los Estados. Por lo tanto, suplicamos a Su Majestad que:

1. Declare en virtud de una ley solemne, como lo han hecho los Reyes sus predecesores, que no tiene derecho a cobrar ni a recaudar en Navarra ningún impuesto directo o indirecto; que ningún impuesto, de ningún tipo, se puede aprobar en dicho Reino de Navarra, excepto por orden de los Estados de dicho Reino y que respetará la ley,

franqueza y libertad de estos Estados de hacer cada año a sus Reyes donativos voluntarios, determinando libremente la cantidad, la forma y las condiciones de los mismos.

2. Revoque y declare nulos todos los Edictos, Cartas-Patentes, Declaraciones, Ordenes, Decisiones del Consejo de Su Majestad, y todos los demás actos que conlleven el establecimiento de cualquier impuesto, o de aquellos que puedan dar lugar a la creación de impuestos directos o indirectos, de cualquier forma o denominación. Y, en consecuencia, que ordene que todos estos impuestos sean y deban ser suprimidos y abolidos en el futuro, y que no puedan ser admitidos bajo ningún pretexto, forma o denominación.

Sin embargo, en vista de las apremiantes necesidades pecuniarias del Estado, cuya cuantía aún no se conoce, y teniendo en cuenta que el producto de los impuestos a suprimir también se desconoce, y que algunos de estos impuestos pueden resultar útiles y que, por tanto, será provechoso preservarlos debidamente reformados y liberados de todo lo que tienen de oneroso, y que estas reformas requerirán dictámenes que los Estados Generales del Reino de Navarra no pueden tomar en este momento, dichos Estados Generales, a fin de no disminuir los recursos del Estado en un momento en el que se enfrenta a una grave crisis, ofrecen a Su Majestad, a cambio de la abolición mencionada anteriormente, que de su consentimiento libre y voluntario para que se sume al donativo que han hecho en su última reunión [de 1789] la recaudación de todos los impuestos mencionados que existían en el momento de su última reunión y hasta la celebración de la reunión del año próximo de 1790 bajo la condición, sin embargo, de que aquellos impuestos que los Estados han suprimido en esta última junta no puedan ser exigidos o recaudados bajo ningún pretexto.

ART. V.

El clero de su Reino de Navarra fue sometido sin su consentimiento, y sin el de los Estados, a las décimas y donativos gratuitos del Clero de Francia. A causa de esto y, en lo que concierne a los impuestos, se han implantado las Cámaras eclesiásticas, extrañas a Navarra. Esto supone una doble violación de la Constitución y de los derechos de su Reino de Navarra.

La Constitución dispone que no se debe imponer ningún impuesto en Navarra sino por orden de los Estados

Dispone asimismo que ningún Navarro puede ser sacado del Reino de Navarra para ser encausado ya sea por lo civil, lo eclesiástico o lo penal, ni ser juzgado por jueces extranjeros a Navarra. Se ruega a Su Majestad que declare por ley que:

1. Ningún navarro puede ser gravado fuera del Reino de Navarra, ya sea personalmente o por la propiedad que posee en Navarra, sin perjuicio del impuesto territorial sobre la propiedad que posee fuera de dicho Reino de Navarra.
2. Ningún Navarro puede ser juzgado fuera de este Reino, ya sea por sus impuestos personales o por

los impuestos de la propiedad que posea en Navarra.

3. En consecuencia, ningún miembro del Clero navarro debe pedir autorizaciones ni declaraciones en la Oficina Eclesiástica de Oloron o en cualquier otra, en virtud de sus imposiciones, ya sean personales o por la propiedad eclesiástica que posean en dicho Reino de Navarra.

ART. VI.

En virtud de la Constitución del Reino de Navarra, no se puede hacer, sustituir, derogar o modificar ninguna Ley, sino en el seno de la Asamblea de los Estados, por el Rey o por su representante, a solicitud de los Estados y con su voluntad y consentimiento.

Todas las Leyes hechas por Luis XIII y por todos sus sucesores, ya sea para Navarra y o el Bearne, o para Francia y Navarra, constituyen infracciones de la constitución [de Navarra] porque ninguna de estas Leyes se aprobó en la Asamblea de los Estados, ni por solicitud o consentido de los dichos Estados [de Navarra]. Ni siquiera consultaron a los Estados para la redacción de los nuevos Fueros de Navarra [de 1611], y se registraron a pesar de su oposición. Este derecho de los Estados de Navarra, reconocido por los antecesores de Su Majestad, por el propio Luis XIV, fue largamente disputado por el Parlamento de Pau; y bajo el reinado de Luis XV, un Decreto del Consejo llegó a declarar que los Estados de Navarra no podían hacer Leyes ni Reglamentos, ni siquiera con el concurso del Comisario encargado de los Estados y en su nombre.

Si este principio no es formalmente proscrito mediante una Ley pública y solemne, Navarra no tiene ni Constitución, ni libertad, y sus Estados ya no serían nada.

Suplicamos por tanto a Su Majestad que:

1. Declare nula, en cuanto a Navarra, cualquier Ley que hubiera sido o que sea en un futuro aprobada sin la previa solicitud y consentimiento de los Estados.
2. Ordene que todas las leyes y reglamentos que sean elaborados por el Rey o por su Comisionado a solicitud de los Estados, se ejecuten de acuerdo con su forma y contenido inmediatamente después de haber sido publicados y registrados en el Tribunal Soberano de Navarra; y cuando dicho Tribunal se niegue o no quiera proceder a la publicación y registro [de las Leyes] que han sido rechazadas o retrasadas, que estas Leyes y reglamentos sean publicados y registrados un mes después de su presentación.
3. No haga autorizaciones ni declaraciones ante el dicho Tribunal soberano de Navarra para realizar cualquier modificación, adición, interpretación o restricción al registro de dichas Leyes y reglamentos; y que declare nulos y sin ningún efecto ni valor aquellos que no se registren de este modo.
4. Ordene que los Magistrados soberanos y subalternos de Navarra estén obligados a observar las Leyes y reglamentos de los Estados, so pena de nulidad de sus sentencias y procedimientos.

Los Estados, con la venia de Su Majestad, han designado Comisionados para que se encarguen de la redacción de los nuevos Fueros y leyes que tendrán que reemplazar a aquellas que exhortamos a Su Majestad a que declare nulas.

Pero, como Navarra no puede permanecer sin leyes ni fueros, mientras espera a que el nuevo código y el nuevo fuero sean redactados y adoptados por Su Majestad y por los Estados, exhortamos a Su Majestad a que ordene que, a pesar de la nulidad declarada de la costumbre y de todas las leyes hechas sin la solicitud previa y el consentimiento de los Estados, las que se han observado hasta ahora continúen siendo provisionales, hasta que los nuevos fueros y leyes que deben reemplazarlos hayan sido otorgadas por los Estados, autorizadas por Su Majestad, y registrados en el Tribunal soberano de Navarra.

ART. VII.

El deseo de los navarros es que el Reino de Navarra pueda unirse para siempre a la corona de Francia; pero este deseo no puede realizarse hasta que Francia tenga una constitución tan buena o mejor que la de Navarra. Hasta entonces, Navarra desea ser independiente y preservar su constitución.

Luis XIII ordenó la unión de las dos coronas en virtud del Edicto del mes de octubre de 1620; pero este edicto es nulo:

1. Porque no solo no fue solicitado ni consentido por los Estados Generales del Reino de Navarra, sino

que estos exigieron que se declarase nulo y sin efecto.

2. Porque los Reyes de Navarra, los predecesores de Su Majestad, han jurado que no pueden unir, anexar ni incorporar su Reino a otro Reino ni tierra, y que si lo hicieran, esto será nulo y sin efecto ni valor.

Se ruega a Su Majestad que incluya el Edicto del mes de octubre de 1620, que une a las dos coronas, entre aquellas leyes cuya nulidad ha sido declarada.

ART. VIII.

El Fuero de Navarra prescribe que los varones tienen preferencia con respecto de las hembras en lo relativo a la sucesión del trono y que las hembras [pueden acceder al mismo] en defecto de los varones.

La ley Sálica excluye a perpetuidad a las hembras de la sucesión al trono de Francia.

Luis XIII manifestó en el preámbulo del Edicto del mes de octubre de 1620 el deseo que tenía de cambiar este orden de sucesión y de someter a Navarra a la Ley Sálica en lo referente al orden de sucesión a la corona de Navarra.

Reviste cierta importancia para Francia que el orden de sucesión sea el mismo para las dos coronas dado que la Baja Navarra es el boulevard de Francia hacia España.

Luis XIII se contentó con expresar su deseo en el preámbulo del Edicto, sin ordenar nada sobre el cambio en lo concerniente al orden de sucesión: este importante cambio no estaba en su poder.

1. Porque los Estados no lo habían consentido.
2. Porque los reyes de Navarra han jurado que no pueden aprobar ninguna Ley, Estatuto o Fuero que perjudique el derecho de sucesión de los herederos o herederas del Reino de Navarra, y que si lo hicieran, todo será nulo y sin efecto ni valor.

Aquello que Luis XIII no hizo porque no lo podía hacer, pueden ofrecerle a Su Majestad y a la Nación Francesa los Estados Generales del Reino de Navarra, que establecieron el orden de sucesión a la corona, y a quienes corresponde en exclusiva cambiarla.

Han decidido que en adelante el orden de la sucesión a la corona de Navarra sea el mismo que el de la sucesión a la corona de Francia.

Dichosos de poder ofrecer esta prueba de su amor por la augusta Casa que les dio a Enrique IV y [como muestra] de su sincero deseo de estar siempre inseparablemente unidos a la Nación Francesa, suplican a Su Majestad que otorgue a este decreto la sanción y el carácter de Ley.

Art. IX.

La Baja Navarra tiene un Tribunal soberano, conocido como Cancillería: todo Estado soberano debe tener uno. Además, el derecho a no ser juzgado fuera del Reino de Navarra por cualquier causa, ya sea eclesiástica, civil o penal, es una de las principales franquicias de todos los navarros.

Luis XIII dio un Edicto en el mes de junio de 1624, que unió la Cancillería de Navarra al Consejo Soberano de Bearne bajo el nombre del Parlamento de Navarra. A partir de entonces, el Reino de Navarra dejó de tener un Tribunal soberano y todos los navarros fueron obligados a ir a declarar fuera del Reino.

Desde entonces, los Estados Generales de Navarra han exigido constantemente la restauración de su antigua Cancillería. Sus deseos finalmente han sido trasladados a la corona: no apalearán en vano a los oídos de Su Majestad.

1. El edicto de unión de la Cancillería es nulo, porque es una ley hecha sin la voluntad y el consentimiento de los Estados.
2. Es nulo porque el Rey no puede crear o desmantelar ningún Tribunal sin el consejo de los Ricos Hombres.
3. Es contrario al derecho de los Navarros de no ser sacados del Reino de Navarra, por ningún motivo, y no ser juzgados por jueces extranjeros.

Se ruega a Su Majestad que restablezca el antiguo Tribunal soberano de Navarra, que fije su residencia en el interior del Reino de Navarra y que le devuelva todos los derechos y atributos de que disfrutaba antes de la unión.

ART. X.

Desde el reinado de Enrique de Albret, Navarra experimentó los inconvenientes inherentes a un Tribunal soberano en un país de reducido tamaño.

Era difícil encontrar personas de cierto mérito para ocupar los puestos de la Cancillería.

Los oficiales de este Tribunal prescindieron de la residencia.

Despojaron a los tribunales inferiores para empoderar el suyo.

Fueron muy inexactos en la conducción de las audiencias.

Incluso desdeñaron los ornamentos distintivos de un Tribunal soberano.

Los oficiales subordinados adscritos a este tribunal fueron compensados por la escasez de asuntos al magnificar sus emolumentos con exacciones incesantes.

Pero estos inconvenientes no son razón suficiente para rechazar la restauración de la Cancillería.

El Reino de Navarra debe tener un Tribunal soberano, y su Majestad tiene los medios para ampliar el dominio [de dicho Tribunal].

Navarra está en el medio del país de Lapurdi y del país de Zuberoa. Lapurdi estaría cerca de la sede de la Cancillería de Navarra, y está a cuarenta leguas de Burdeos. El país de Zuberoa no está tan lejos de Pau, pero estaría aún más cerca de la sede de la Cancillería de Navarra. Los Súbditos de Lapurdi y de Zuberoa, como los Navarros, no entienden ni hablan sino en euskara, lengua que no se conoce en Pau o en Burdeos. La vecindad y la identidad de origen e idioma facilitan el hecho de que estos tres pueblos se unan bajo un mismo Tribunal soberano.

Al extender la jurisdicción de la Cancillería de Navarra sobre los países de Lapurdi y Zuberoa, Su Majestad reintegrará al Reino de Navarra solo una parte de lo que en su día le perteneció.

El país de Zuberoa y una parte del país de Lapurdi fueron con anterioridad partes integrantes del Reino de Navarra.

El resto de Lapurdi formaba parte de los condados de Comminges, Couserans y Astarac, que también eran partes integrantes del Reino de Navarra.

Por lo tanto, los Estados de Navarra imploran a Su Majestad que una en la Cancillería de Navarra [a los súbditos] de los países de Zuberoa y Lapurdi.

ART. XI.

La Senescalía de Saint-Palais fue erigida en 1639 sin el consentimiento de los Estados; el Edicto de creación fue registrado sin tener en cuenta la oposición de los Estados; los Estados han protestado en varias ocasiones en virtud del establecimiento de esta nueva [institución].

La Oficina del Senescal también fue creada sin el consentimiento de los Estados, suprimida a petición suya y creada de nuevo después, siempre sin el consentimiento de los Estados.

El establecimiento de la Senescalía es contrario a la constitución de Navarra y al bien público, y va en detrimento de la patrimonialidad de los jueces inferiores.

Porque establece tres grados de jurisdicción en lugar de dos por causas ordinarias.

Porque establece dos en lugar de una para las personas privilegiadas.

Porque despoja a los tribunales inferiores de sus atribuciones en el ámbito del derecho de prevención y de evocación.

El oficio de Senescal sigue siendo contrario a la constitución, ya que todas las funciones y prerrogativas que se le atribuyen pertenecen a otros Oficiales Constitucionales, como el Castellano de Saint-Jean, el

Alcalde y Merino d'Arberoue, y los Bailíos de Mixe y Ostabarets.

Suplicamos a Su Majestad que suprima la figura del Senescal de St. Palais y la Oficina de la Senescalía.

Sin embargo, como los abusos que han supuesto la restitución de la Senescalía requieren una reforma en profundidad de la administración de justicia en primera instancia, los Estados han designado una comisión, con la venia de Su Majestad, para encargarse de la redacción del plan de reforma, y mientras esperan que este plan sea aprobado por los Estados, autorizado por su majestad, y registrado en el Tribunal soberano de Navarra, aceptan que las cosas permanezcan temporalmente como están.

ART. XII.

El Reino de Navarra tenía moneda propia. Esta es una de las principales marcas distintivas de la soberanía.

En virtud de la constitución de este Reino, la moneda está bajo la inspección de los Estados. Los Reyes de Navarra juran que no batirán moneda en su Reino sin la voluntad y el consentimiento de los Estados.

Si las relaciones de Navarra con Francia requieren que el dinero de Francia tenga curso legal en Navarra, la constitución de Navarra también dispone que haya moneda acuñada en este Reino, y la ley de reciprocidad exige que esta moneda sea válida en el Reino de Francia.

Esto es lo que los estados de Navarra le ruegan a Su Majestad que ordene.

ART. XIII.

La constitución de Navarra establece dos grados de jurisdicción. Estos dos grados son necesarios a fin de que un primer error no sea irreparable. El Parlamento de Pau y la Senescalía de Saint-Palais prácticamente han suprimido la jurisdicción de los jueces ordinarios, al conocer todos los casos en primera instancia.

La jurisdicción exclusiva de los jueces inferiores es competencia de las Comunidades y de la Nobleza y, en consecuencia, la mayoría de los jueces inferiores son municipales o señoriales.

El derecho a contribuir a la administración de justicia en los tribunales inferiores de su distrito también es competencia de todos los propietarios de las casas nobles de Navarra que poseen el título de jueces-caballeros [*Gentilshommes Juges-jugeans*].

Por tanto, suplicamos a Su Majestad que, tanto en lo relativo al Tribunal Soberano de Navarra como en lo referente a todos los demás tribunales y jueces, no afecte ni perjudique la jurisdicción exclusiva de los jueces ordinarios, tanto reales como municipales y señoriales, excepto en aquello que corresponda las personas y materias privilegiadas.

ART. XIV.

El municipio de la ciudad de Saint-Jean-Pied-de-Port tiene el derecho de conocer y juzgar todos los casos en materia criminal de la Castellanía en primera instancia. Si existían indicios de castigos infamantes o tortura, u otros asuntos irreparables, era la Cancillería la que juzgaba en primera instancia y como último recurso.

En consecuencia, había en esta Castellanía únicamente un grado de jurisdicción para los asuntos más importantes, aquellos que se refieren al honor y a la vida. Tal vez sea este el único punto en el que las antiguas leyes o costumbres de Navarra parecen no haber respetado suficientemente los derechos humanos.

El edicto de 1624 despojó al municipio de Saint-Jean del derecho a ver las causas en última instancia. Al exigir la revocación de este Edicto, los Estados Generales no pueden evitar reconocer el antiguo derecho del municipio pero, a un mismo tiempo, dado que el ejercicio de este derecho puede lesionar los derechos de los litigantes, le suplican a Su Majestad que lo revoque, sin perjuicio de los Jurados de la ciudad de San-Jean y de todos los demás interesados en reclamar el derecho que pueda asistirles.

ART. XV.

Luis XIII creó en Navarra la Oficina y la Compañía del Vice-Senescal. Los suprimió a petición de los Estados porque Navarra tiene a sus Oficiales Constitucionales a cargo de los asuntos relativos a la seguridad pública.

Con posterioridad, Luis XV creó esta Oficina y la referida Compañía por bajo el nombre de Mariscalía y Provoste de la Mariscalía. Los Estados han exigido su supresión sin éxito.

La creación de este oficio se realizó sin el Consejo de los Ricos hombres y por lo tanto es nula.

La jurisdicción, cuyo asiento está fuera de Navarra, es contraria por esto mismo a las leyes de Navarra.

Los funcionarios que no son Navarros no pueden ejercer ninguna oficina en Navarra.

[Todo esto supone] una usurpación de las funciones encomendadas a los Oficiales Nacionales por la Constitución [de Navarra].

Una justicia militar de primera y última instancia sin recurso hace estremecer incluso a Francia.

Se ruega a Su Majestad, Sire, que suprima en Navarra la figura del Provoste de la Mariscalía y su Compañía.

ART. XVI.

Para reemplazar el servicio del Mariscalía, los Estados ruegan a Su Majestad que los autorice a emplear el número de soldados que juzguen necesario entre los que han servido en las tropas regulares o, en ausencia de soldados nacionales que hayan servido, entre otros hombres del país que juzguemos aptos para este servicio, los cuales estarán bajo las órdenes de los Oficiales Nacionales encargados por el antiguo Reglamento de garantizar la seguridad pública.

ART. XVII.

Los Estados son, en virtud de la constitución del Reino, los únicos responsables de la construcción y reparación de los caminos reales. Las Comunidades son responsables de la construcción de los caminos interiores.

Los autos jurisdiccionales sobre este asunto pertenecen a los jueces ordinarios mientras otros Oficiales son los responsables de ejecutar las Ordenanzas de las Comunidades en todos los asuntos de la administración.

También son los que controlan y reparan las vías de comunicación que no pertenecen al Rey.

La intervención del Comisionado a cargo y de sus subdelegados, en todo lo que concierne a los caminos, perjudica la constitución del Reino, los derechos de los Estados, los de las Comunidades y los de los Oficiales Nacionales, y además perjudica a la economía y a la solidez de las obras.

Se ruega a Su Majestad que restituya a los Estados, a las Comunidades, a los Jueces y Oficiales del Reino el libre ejercicio de todos sus derechos y todas sus funciones en lo referente a la construcción y reparación de carreteras, puentes y pasarelas, sin competencia ni cesiones, y sin que sea permitido cederlos a Comisionados, subdelegados o a cualquier otra persona que pueda interferir en modo alguno.

ART. XVIII.

La jurisdicción de las aguas y los bosques de Navarra pertenece a los jueces ordinarios, al Castellano, al Alcalde, a los Bailíos y a los Jueces-caballeros.

Su administración y custodia pertenecen a las Comunidades.

El Castellano, el Alcalde & los Bailíos son los ejecutores de las Ordenanzas de las Asambleas de las Comunidades y de los Mandatos de la Justicia.

La atribución de la jurisdicción y de la administración del control del agua y los bosques al Gran Maestre es, por tanto, una infracción del orden establecido por la Constitución, una violación de los derechos de las

Comunidades, de los Jueces ordinarios, del Castellano, del Alcalde, de los Bailíos y de los Jueces-caballeros.

La Constitución se ve afectada:

Porque el Gran Maestre y sus oficiales son todos extraños a Navarra.

Porque la sede de su jurisdicción está fuera del Reino de Navarra.

Porque son Tribunales y Oficinas creados para Navarra sin el consentimiento de los Ricos Hombres.

Se ruega a Su Majestad que revoque, en lo referente a Navarra, los Edictos de creación de la Oficina del Gran Maestre para el control del agua y los bosques, y que evite que el Gran Maestre y sus Oficiales interfieran en las funciones relacionada con las aguas y los bosques del Reino de Navarra; y que restablezca las cosas en los asuntos relativos a la administración, custodia y jurisdicción de dichas aguas y bosques en el mismo estado en el que estaban en virtud de la Ordenanza de 1669.

ART. XIX.

La Oficina de Alcalde o Juez Civil del país de Cize era anteriormente una Oficina Municipal nombrada por la Comunidad del país de Cize. No hace más de un siglo que esta oficina está siendo nombrada por el Rey.

Pero como los reyes de Navarra nunca pueden empeorar los Fueros de sus súbditos y, teniendo en cuenta que del derecho de nombrar la Oficina del Alcalde del país de Cize es muy antiguo, la Comunidad de Cize no puede ser irrevocablemente privada de elegir a su Alcalde.

Se ruega a Su Majestad que la restaure este antiguo derecho.

ART. XX.

Toda Institución debe tener el derecho de nombrar a sus propios Oficiales. El duque de Orleans, Regente del Reino, reconoció el derecho de los Estados de Navarra a este respecto y si bien no transgredió formalmente este derecho, interfirió en la libertad de voto [de los Estados].

Bajo el reinado de Luis XV, un Decreto del Consejo del 16 de junio de 1746 reguló que los Estados no podían nombrar a su Síndico sin el permiso expreso del Rey.

Se ruega a Su Majestad, Sire, que revoque este Decreto del Consejo, y que declare que solo a los Estados asiste el derecho de instituir, nombrar y destituir a sus Oficiales; y que mantenga el ejercicio de este derecho libre, sin que [los Estados] sean molestados directa o indirectamente por cualquier causa, sea cual sea, ni bajo ningún pretexto.

ART. XXI.

La libertad de los miembros de los Estados a veces ha sido violada. En 1720, una orden del Rey prohibió a dos miembros de la nobleza asistir a la Asamblea de los Estados, porque la autoridad quería forzar el voto para el nombramiento de un Síndico. En 1750, un Decreto del Consejo declaró que dos miembros del Tercer Estado no podían en el futuro ser elegidos Diputados en los Estados del Reino de Navarra.

Para que en adelante se respete la libertad de voto y la seguridad personal de los miembros de los Estados, se ruega a Su Majestad que ordene en su Reino de la Baja Navarra lo que los Reyes de España han ordenado para el de la Alta Navarra.

1. Que aquellos que son llamados a los Estados no pueden ser expulsados y que no se impida su entrada sin conocimiento de causa.
2. Que ningún miembro de los Estados pueda ser privado de su libertad, ni arrestado, encarcelado o exilado, incluso por un delito, durante su participación en [la deliberación de los] Estados, o por el tiempo necesario para que cada uno de sus miembros se retire a su casa, después del término [de las sesiones] de los Estados.

ART. XXII.

Algunos Ministros de su Majestad parecen creer que los Estados Generales del Reino de Navarra no pueden naturalizar a extranjeros sin la autorización del Rey.

Suplicamos a Su Majestad que declare por ley:

Que solo los Estados de Navarra tienen derecho a naturalizar a los extranjeros, y que las naturalizaciones otorgadas por ellos no requieren ni homologación ni confirmación alguna.

ART. XXIII.

Un Decreto del Consejo del 29 de mayo de 1772 suprimió la convocatoria de las Juntas en el Reino de Navarra y la sustituyó por una reunión de los Estados compuesta por un número muy pequeño de Comisionados que solo pudieron reunirse con el permiso del Intendente, permitiéndose a dicho Intendente asistir a las sesiones de la Asamblea.

La Junta es una Asamblea Extraordinaria convocada en el intervalo de la reunión de los Estados Generales, para tratar asuntos urgentes e imprevistos, a los que se convoca a todos los miembros de los dichos Estados.

Esta facultad de llamamiento de las Juntas está reconocida en la Constitución del Reino de Navarra y el Reino tiene un Oficial encargado de hacer la convocatoria. En su ausencia o impedimento, el Síndico del Reino y todos los miembros de la Orden de la Nobleza tienen derecho a convocarlos.

Se ruega a Su Majestad, Sire, que revoque el Decreto del Consejo del 29 de mayo de 1772 y restablezca a los Estados de su Reino de Navarra al antiguo derecho y costumbre, en virtud del cual se reunirán en Junta cada vez que el caso lo requiera, en el intervalo de dos sucesivas reuniones de los Estados, por convocatoria del Castellano de Saint-Jean-Pied-de-Port o, en ausencia de aquel o por cualquier otro impedimento, del Síndico del Reino o de un miembro del Orden de la Nobleza.

ART. XXIV.

Que un comisario continúe ejerciendo su ministerio es absolutamente contrario a la Constitución del Reino de Navarra. Es más que inútil ya que no puede actuar ni como funcionario, ni como juez ni como agente ejecutivo sin lesionar de los derechos de los Estados o invadir las funciones propias de los Oficiales nacionales.

Se exhorta a Su Majestad a que prohíba que todos los antiguos Comisarios, sus subdelegados y todos los demás, ejerzan cualquier cargo público en Navarra, ni asuman ninguna autoridad, sea esta administrativa, jurisdiccional o ejecutiva.

ART. XXV.

Uno de los derechos más preciosos de su Reino de Navarra es el de obtener la reparación de todos los agravios en cada una de las reuniones de los Estados, antes de proceder a hacer efectivo el donativo que estos ofrecen cada año a su Soberano. Este derecho ha sido reconocido y respetado hasta 1615. Todavía está en vigor en la alta Navarra.

En 1625 se comenzó a imponer límites a los poderes de la Comisión a cargo de reunir a los Estados en nombre del Rey en lo que respecta a la reparación de los agravios. Esta costumbre se ha perpetuado hasta nuestros días y, además de los límites de poder propios impuestos a la comisión que se presenta a los Estados, el Comisionado de Su Majestad está siempre ceñido a órdenes secretas dentro de límites aún más estrechos.

Desde 1625 los Estados han estado acusando año a año, en vano, este abuso. Se atreven ahora a prometerse a sí mismos que su solicitud será mejor recibida por su Majestad.

Suplican a Su Majestad que dé fuerza de ley al decreto que han adoptado con su venia, mediante el cual declaran que en adelante nadie será reconocido como Comisionado del Rey, autorizado para reunir en su nombre los Estados Generales del Reino de Navarra, si no revela a los dichos

Estados los poderes que se le han otorgado para reparar, durante la reunión de dichos Estados, los agravios que se le presentan, sin ningún límite, excepción o restricción, y debe declarar asimismo a dichos Estados que no ha recibido ninguna orden que impida u obstaculice el ejercicio de tales plenos poderes.

ART. XXVI.

Está escrito en Fuero Viejo [Fuero General de Navarra] y en el juramento del Rey Teobaldo II, que ningún navarro puede ser arrestado o encarcelado por ningún motivo si da testimonio bajo fianza para actuar de acuerdo con la ley, a menos que haya sido declarado culpable mediante una sentencia firme por un delito capital.

Varios actos arbitrarios han atentado contra esta ley y la libertad individual de los Navarros bajo el reinado de Luis XV e incluso bajo el de Su Majestad.

Se ruega a Su Majestad que renueve la ley escrita en el Fuero Viejo y en el juramento del Rey Teobaldo II, y que agregue una nueva ley, que conlleve una sanción pública contra cualquier ministro, administrador, depositario de autoridad y contra todas las demás personas que, ya sea por su propia autoridad o en virtud de órdenes emanadas por autoridades de Su Majestad, que atente o provoque un atentado contra la libertad de un Navarro, excepto en los casos previstos por el Fuero Viejo y por el juramento del Rey Teobaldo II; y los declarará personalmente responsables de los daños causados a aquellos contra cuya libertad han atentado.

ART. XXVII.

Su Majestad y Su Majestad Católica han pensado que es necesario trazar una línea de demarcación entre la alta y la baja Navarra. Su Majestad Católica ha nombrado al Caballero de Caro su Comisionado. Su Majestad ha designado a este efecto al Conde de Ornano.

El conde de Ornano no es natural [del Reino] ni está naturalizado en Navarra. Por lo tanto, no puede ser comisionado para la solución de los límites entre la Baja y la Alta Navarra. Todo Navarro tiene el derecho de ser juzgado solo por un Navarro. Es en virtud de este derecho que los Estados de Navarra y el Rey de España han declarado nulo un acuerdo de límites entre Aragón y la Alta Navarra hecho por comisionados aragoneses y castellanos.

Los Reyes de Navarra no pueden enajenar, ni anexar a ningún otro Reino, parte alguna de su Reino de Navarra sin el consentimiento de los Estados. Por lo tanto, los estados de la baja Navarra deben ser consultados sobre esta demarcación, para examinar y juzgar si no resulta en la alienación de parte de su Reino de Navarra. Hasta ahora los dichos comisionados han realizado todas las operaciones sin consultar a los estados de la baja Navarra, ni a las Comunidades, ni a los particulares que han sido despojados de sus posesiones.

Las capitulaciones reales de 1614 contienen las medidas más sabias para mantener la paz entre la alta y baja Navarra, al establecer el derecho de uso sobre un vasto territorio entre las dos Navarras cuya propiedad dejaron sin determinar.

La demarcación acordada por los dos Comisarios citados infringe este derecho de uso y traza una línea que el ganado de las dos Navarras cruzará necesariamente todos los días; esto dará lugar a disputas, peleas y asesinatos entre los dos pueblos limítrofes, y puede terminar perturbando la armonía que reina entre las dos coronas.

Ya se han detectado y confirmado varios errores en las operaciones de los dos Comisarios: todos van en detrimento de la baja Navarra; y hay otros errores que solo se presumen pero estas presunciones son tan sólidas y numerosas que las podemos tomar por ciertas.

Entre los errores probados hay uno que ha tenido consecuencias irreparables. El bosque Irati pertenece sin duda al país de Cize y a la ciudad de Saint-Jean-Pied-de-Port. Parece que los dos comisionados convinieron ceder este bosque a la alta Navarra y, antes de tomar una decisión firme sobre este punto, el bosque fue devastado, ante sus ojos, por los españoles.

Suplicamos a Su Majestad

1. Declarar la comisión dada al Conde de Ornano para la demarcación de los límites entre la Alta y la Baja Navarra y todo lo que se ha hecho en ejecución de esto, nulo y sin efecto.
2. Ordenar que, en caso de que su Majestad y Su Majestad Católica persistan en el diseño de un acuerdo definitivo entre la Alta y la Baja Navarra, no se pueda nombrar Comisarios de su Majestad sino a nativos de su Reino de Navarra.

3. Ordenar que no se podrá proceder a aprobar un reglamento definitivo sobre límites sino en presencia de tres Comisionados de los Estados Generales de su Reino de Navarra y que ningún artículo de dicho Reglamento podrá ser ratificado por ambos Soberanos sino después de que haya sido comunicado a los dichos Estados y aprobado por ellos.
4. Convenir con Su Majestad Católica que, hasta la ratificación de dicho acuerdo definitivo, las capitulaciones reales de 1614 continuarán ejecutándose de acuerdo con su forma y contenido original.
5. Interponer su mediación para obtener de los Estados de la alta Navarra y de su Majestad Católica la indemnización que se le debe al país de Cize y a la ciudad de Saint-Jean-Pied-de-Port por las devastaciones cometidas en el Bosque de Irati, y por la explotación de la mina de Undarolle, que también pertenece al país de Cize y la ciudad de Saint-Jean.

ART. XXVIII.

Una ley de los Estados de la alta Navarra, confirmada por los Reyes de España, autoriza a los habitantes de la alta Navarra a defender sus límites con armas, a enfrentarse más allá de estos límites a los habitantes de la baja Navarra y a los Franceses y, a destruir los lindes, las casas, las cercas y los claros que dichos habitantes de la baja Navarra puedan haber construido, sin que los habitantes de la alta Navarra puedan ser acusados o molestados por ello.

Otra ley de la alta Navarra prohíbe a los Pastores extranjeros portar armas ofensivas o defensivas en los Aldudes, bajo pena de muerte.

Los Estados Generales de su Reino de Navarra han pensado, Sire, que la única forma de poner fin a este estado de guerra y hacer que los Estados de la alta Navarra entiendan que esta ley es una atrocidad, es imitarlos a fin de restituir el honor de los Navarros.

Han decidido, con la venia de Su Majestad, que a los habitantes de la baja Navarra se les permita defender sus límites con las armas, enfrentarse a los habitantes de la alta Navarra más allá de estos límites, destruir los lindes, casas, cercas y claros que los habitantes de la alta Navarra puedan haber construido allí, sin que los habitantes de la baja Navarra puedan ser acusados o molestados por ello.

Suplican a Su Majestad que otorgue a esta Orden la fuerza de la ley y declare que seguirá en vigor hasta que los Estados Generales de su Reino de Navarra tengan certeza de que los Estados de la alta Navarra han revocado esa ley y de que los habitantes de la alta Navarra tienen prohibido unirse y actuar contra los habitantes de la baja Navarra.

ARTÍCULO XXIX.

Su Reino de Navarra, Sire, está separado y es independiente de su Reino de Francia. Por lo tanto, debe conservar todos los signos y honores del Reino.

El sello real es una de las principales características de un Reino. El Fuero Viejo y el juramento de los Reyes los obliga a tener siempre el sello real.

Los Estados de su Reino de Navarra ruegan a Su Majestad que restaure y mantenga en este punto la integridad de sus derechos, como han hecho los Reyes de España con respecto a la alta Navarra, a pesar de la unión de Navarra a la Corona de Castilla; y ordenar

1. Que las armas de su Reino de Navarra se utilicen en los sellos, en la moneda y en cualquier otro lugar donde se coloquen las armas de su Reino de Francia.
2. Que tienen siempre el primer rango después de las de Francia.

ARTÍCULO XXX.

En virtud de los antiguos concordatos hechos entre los Reyes de Navarra y el obispo y el Capítulo de Bayona, existen en el Capítulo de Bayona cuatro canonjías asignadas a los eclesiásticos navarros que son de nombramiento real.

Durante mucho tiempo, el Capítulo de Bayona ha privado a los eclesiásticos navarros de estas cuatro canonjías, y a Su Majestad de su derecho de nombrar [a los canónigos].

Se ruega a Su Majestad que imponga su autoridad, de modo que las primeras cuatro canonjías vacantes del Capítulo de Bayona sean conferidas a Clérigos navarros, quienes serán nombrados por su Majestad; las dichas cuatro Canonjías serán asignadas a perpetuidad a Clérigos navarros y su nombramiento corresponderá a Su Majestad.

ARTÍCULO XXXI.

Los sacerdotes de su Reino de Navarra tienen ingresos muy modestos. Son incapaces de aliviar a las personas necesitadas a su alrededor.

Se ruega a Su Majestad que atienda bien a su situación y la mejore.

ARTÍCULO XXXII.

Hay en Navarra dos Comandancias de la Orden de Malta que dependen del Gran Priorato de Navarra.

Una ley de la alta Navarra declaraba a sus súbditos del Reino de Navarra incapaces de poseer en la alta Navarra oficio ni beneficio alguno, incluidas las Comandancias de la Orden de Malta y, sin embargo, los Caballeros de la alta Navarra continuaron poseyendo las dos Comandancias ubicadas en la baja Navarra sin que exista ningún derecho de reciprocidad para los Señores de la baja Navarra en las Comandancias de la alta Navarra.

Se ruega a Su Majestad que interponga su mediación, a fin de que la Orden de Malta pueda tomar las medidas apropiadas para que los Caballeros de la baja Navarra puedan ser recibidos en la lengua [provincia] de la que dependen las dos Comandancias, y que sean declarados hábiles para poseer las Comandancias de dicha Orden, tanto en la baja Navarra como en el conjunto de la lengua.

ARTÍCULO XXXIII.

Su Reino de Navarra no tiene colegio ni residencia de educación pública.

La mayoría de sus súbditos navarros carecen de los medios para enviar a sus hijos fuera del Reino. Su Majestad ha venido en su ayuda, asignándoles parte de las becas gratuitas que fundaron en el colegio universitario de Pau, por sus Cartas Patentes del 16 de septiembre de 1777.

Estas Cartas Patentes consignan nueve de estas becas a niños nativos del Bearne y de Navarra. No dicen cómo o en qué proporción se deben compartir estas nueve becas entre Navarra y el Bearne y atribuyen la presentación de estas nueve becas a los Estados de Bearne y, dado que los Estados del Bearne son dueños de fijar la proporción, es fácil prever que la parte de Navarra sea lo más pequeña posible.

Por otro lado, los Estados del Bearne, extranjeros a Navarra, no están en condiciones de conocer, como los Estados de Navarra, a las familias que más lo necesitan y que son las más dignas de participar en la ayuda ofrecida por tu caridad.

Por tanto, suplicamos a Su Majestad que explique las Cartas Patentes de 1777, fijando, según sea necesario, el número de ayudas que su Majestad pretende asignar a los niños de Navarra, y atribuir su otorgamiento a los Estados Generales de su Reino de Navarra.

ARTÍCULO XXXIV.

Su Nobleza Navarra, Sire, al igual que su Nobleza Francesa, tiene su origen en la gleba. La primera proviene de la gleba noble poseída en propiedad. La segunda sin embargo proviene de la gleba noble poseída por beneficio u honorario.

Los medios para adquirir nobleza en Francia ya no son los que rigen en Navarra; siempre ha sido la posesión del suelo lo que otorga las prerrogativas de la nobleza en Navarra. Es la posesión durante cien años en línea masculina lo que conforma la nobleza de extracción.

Esta Nobleza Navarra se ve privada de sus mejores prerrogativas, ya que la Corte de sus Reyes ya no se encuentra en Navarra. Solo reciben los honores de la Corte y el Ejército de Francia si se someten a pruebas ajenas a la constitución de Navarra, ante jueces que no son navarros ni residentes en Navarra.

Se ruega a Su Majestad que consagre por una ley las siguientes máximas:

1. Quien tenga derecho a formar parte de los Estados de Navarra en el Orden de la Nobleza goza de todos los derechos y prerrogativas de la Nobleza.
2. También tendrán derecho a contribuir a la administración de justicia en los tribunales inferiores de su Distrito, donde se encuentre su casa noble, como Jueces-caballeros.
3. Quien haya poseído durante cien años el derecho de entrada a los Estados en el Orden de la Nobleza, por él o por su padre y sus antepasados paternos, es noble de extracción.
4. Todo caballero navarro debe disfrutar en Francia de todos los honores, distinciones y prerrogativas que disfruten los caballeros de Francia de su misma clase.

5. Corresponde únicamente a los Estados de Navarra juzgar las cualidades necesarias para otorgar el derecho de entrada a los Estados en la Orden de la Nobleza.
6. Solo los Estados son competentes para investigar y verificar la Nobleza Navarra.
7. Si Su Majestad considera que hay alguna desventaja en dejar la competencia exclusiva para la verificación de la nobleza a la Asamblea de los Estados que se convoca solo una vez al año, se le ruega que atribuya su conocimiento a los Comisionados de los Estados, y a los Jueces Nacionales y Residentes en el Reino, sin obligar a los Caballeros navarros a probarse a sí mismos o presentar sus títulos fuera del Reino.

ART. XXXV.

Navarra tiene milicias nacionales bajo las órdenes del Castellano de Saint-Jean, el Alcalde d'Arberoue y los Bailíos de Mixe y Ostabarets. Su destino natural es la defensa del país y la seguridad pública.

No pueden, en virtud del Fuero, verse obligados a realizar ningún servicio fuera del Reino de Navarra.

Este derecho navarro fue reconocido por varios de los reyes de España en la alta Navarra. Y fue asimismo reconocido por el rey de Francia para la baja Navarra en 1717.

Pero desde entonces se han producido algunas infracciones.

Se ruega a Su Majestad que declare que, por la constitución del Reino de Navarra, las milicias de dicho

Reino no pueden ser obligadas a prestar ningún servicio fuera del dicho Reino, y que todas las órdenes que puedan haberse dado en diversas épocas en sentido contrario, son contrarias a las Leyes del dicho Reino.

ART. XXXVI.

Aunque no se puede obligar a los Navarros a ir a la guerra fuera de [los límites de] su Reino, Navarra proporciona en los ejércitos de Su Majestad una gran cantidad de soldados y oficiales. Los descendientes de aquellos que ayudaron a Enrique IV a ascender al trono de Francia aspiran solo a derramar su sangre al servicio de Luis XVI.

Pero se atreven a suplicar Su Majestad, por el bien común de las dos Naciones y por la gloria de las armas de Francia que:

1. Suprima el registro de reclutas y la marca de la letra R. El deseo de servir a Su Majestad no puede considerarse un crimen ni merecer un año de humillación pública y la pérdida de la libertad.
2. Abolir para siempre el execrable castigo de los golpes con placas de sable. No está hecho ni para los Franceses ni para los Navarros.
3. Reducir todas las Ordenanzas militares a puntos concretos, cuya ejecución sea posible tanto en tiempos de guerra como en tiempos de paz.
4. Abolir la multa de 50 libras por deserción, castigo que recae sobre aquellos que no han cometido el crimen.

5. Ordenar el estado militar, hacerlo fijo, invariable y grato tanto para el Soldado como para el Oficial, y otorgar a ambos la esperanza de lograr todo aquello a lo que su mérito le permita aspirar, y designar las Lugartenencias por antigüedad en todos los regimientos.
6. Aumentar la paga del soldado, que obviamente es insuficiente, en vista del precio de los comestibles.
7. Hacer desistir al Oficial y al soldado francés de sus prejuicios e inclinación a no recurrir a naciones extranjeras a fin de adquirir conocimiento, modelos de honor y disciplina militar.
8. Establecer una proporción en lo referente a las sanciones que se infligen a los soldados, de modo que aquellos que aquellos que sean de carácter degradante estén siempre reservados a los casos en los que las Ordenanzas exijan que el soldado sea expulsado del Cuerpo después de haber sido castigado, y nunca se inflijan a aquellos soldados que en virtud de las ordenanzas deban permanecer en el Cuerpo.

ART. XXXVII.

Una sentencia del Consejo, emitida en 1751 a solicitud de los Jurados de la Comunidad de Hellette, estableció un arbitrio en esta Comunidad sobre los vinos y las sidras que se vendían en tabernas y posadas. Esta sentencia quedó sin ejecución, enterrada en los Archivos de la Comunidad hasta 1787, momento en el que se ejecutó por vez primera.

La Comunidad de Hellette ha solicitado su eliminación. El arbitrio no sería menos nulo si la

Comunidad no lo reclamase ya que fue aprobada sin el consentimiento de los Estados. Su Majestad ha visto anteriormente (Artículo IV), que en Navarra únicamente pueden establecerse impuestos por orden de los Estados.

Por lo tanto, Su Majestad debe revocar la Sentencia del Consejo de 1751, abolir el arbitrio sobre los vinos y las sidras en la Comunidad de Hellette y dar a conocer a todas las personas, de cualquier calidad y condición que sean, que no deben exigir o recaudar ningún tipo de impuesto en Navarra, sea cual sea su designación, si no ha sido ordenado por los Estados, bajo pena de ser procesados como defraudadores.

ART. XXXVIII.

Su Majestad ha reconocido el abuso que suponen los privilegios otorgados a los Alcaldes y Tenientes de alcalde naturales de sus Comunidades para ser miembros de los Estados Generales del Reino de Navarra; ha suspendido el ejercicio de este privilegio en la convocatoria de los Estados actuales.

Esto que Su Majestad ha reconocido en este momento es válido ahora y lo será siempre. Las Comunidades no pueden estar válidamente representadas en los Estados sino por Diputados electos libremente por sus habitantes.

No hay Alcaldes ni Tenientes de alcalde con título de Oficio en Navarra. Solo hay Comisionados. No es necesario desembolsar el pago.

Estas comisiones de Alcaldes y Tenientes de alcalde también son contrarias al derecho de todas las Comunidades de elegir libremente a todos sus funcionarios municipales.

Este primer abuso ha generado otros. En las cuatro villas de Navarra, donde se han establecido los titulares de las comisiones de Alcaldes y Tenientes de alcalde, los Jurados ya no se sienten elegidos por las Comunidades; es el Comisionado Adjunto quien los nombra.

Suplicamos a Su Majestad que en referencia a todos estos abusos:

1. Revoque las comisiones de Alcaldes, Tenientes de alcalde y oficiales municipales, cualquiera que sea su nombre, en las villas de St. Jean-Pied-de-Port, St. Palais, Garris y Bastide-Clairence.
2. Ordenar que en estas cuatro villas, como en todas las demás Comunidades del Reino de Navarra, todos los Oficiales Municipales sean elegidos libremente por las Comunidades.
3. Ordenar que a partir de ahora todas las comunidades del Reino de Navarra elegirán libremente a sus Diputados a los Estados en la misma forma que se acaba de practicar para la convocatoria de los Estados actuales.

ART. XXXIX.

Todos los países vecinos de la Villa de Bayona se han reunido para exigir la supresión de la franqueza de su puerto. Esta franquicia se ha aplicado a expensas de la propia Villa a la que aparentemente pretendía favorecer. Su Majestad ha sabido anunciar a los Estados Generales del Reino de Francia que entendía sus inconvenientes.

Navarra sufre más que cualquier otro país. Es desde Bayona desde donde exporta todos sus artículos de consumo. A día de hoy las comunicaciones están siendo interceptadas por la multiplicidad de Oficinas y registros, y por la prohibición de [utilizar] los caminos más cortos.

Por tanto, suplicamos a Su Majestad que suprima la exención del puerto de Bayona y reactive las comunicaciones entre esta Villa y su Reino de Navarra.

ART. XL.

En algunos cantones del Reino de Navarra se ha abusado de las banalidades de los molinos. Los Señores que poseen el derecho a la banalidad prohíben a todos los molineros que lleven su grano para moler a molinos no sujetos al derecho de banalidad. La extensión del derecho es obviamente abusiva.

Los Estados, de acuerdo con la constitución del Reino, tienen el derecho de entender sobre este abuso con la ayuda del Comisionado de Su Majestad pero, hasta que se corten los límites impuestos a los poderes otorgados al Comisionado, los Estados están obligados a apelar directamente a Su Majestad para autorizar sus reglamentos.

Por tanto, le suplicamos que otorgue fuerza de ley al decreto que adoptaron, con su venia, sobre la libertad de todos los molineros de llevar el grano para moler a los molinos que no están sujetos a banalidad, dondequiera que se encuentren, incluso en aquellos lugares donde existan otros molinos sujetos a dicha banalidad, con la salvedad de que no puedan llevar dicho grano a ningún molino sujeto a banalidad.

ART. XLI.

En espera de la reforma propuesta por el Artículo IV, que libere el control de los autos sobre materia fiscal, su Reino de Navarra está plagado de abusos y molestias de todo tipo por parte de los empleados en las oficinas de control. El de Saint-Jean-Pied-de-Port se distingue por encima de todos los demás. Los detalles de estas molestias son demasiado complicados para que podamos incluirlos en este libro. Este será el tema de una memoria separada, que la delegación de los Estados está encargada de hacer llegar a su Majestad.

Cotejado por nos,

Así firmado, SORHOUET, Secretario de los Estados del Reino de Navarra.

Extracto del sumario de las deliberaciones de los Estados Generales del Reino de Navarra del 4 de julio de 1789

En relación con la forma de diputar ante el Rey para recibir su juramento, prestarle el del Reino y presentar a su Majestad el Cuaderno de Agravios para ser reparados, los Estados, en deliberación, informan de que fueron nombrados los Comisionados para examinar si es conveniente que los Estados diputen ante el Rey, y en qué forma deben hacerlo. Consecuentemente se nombraron los comisionados.

Informe de los Señores Comisionados.

Sobre la cuestión de si conviene diputar o no ante el Rey, la Comisión considera que los Estados deben enviar una delegación al Rey para recibir el juramento de Su Majestad, prestarle el del Reino y pedirle que enmiende los agravios contenidos en el Cuaderno; y esto se hará después del voto de los Estados, que está claramente establecido en las bases y en la lista de agravios aprobada por los Estados, y una vez expresados los motivos que determinaron este voto.

Sobre la forma de esta diputación.

La Comisión considera que, entendiendo que en el momento del matrimonio de Enrique IV y de la advenimiento de Luis XIV al trono, los Estados enviaron al Rey una diputación representativa del Reino junto con un Síndico de los Diputados de los tres Órdenes, los Estados deben en esta ocasión que revierte mucha más importancia que las otras dos, cumplir con la costumbre que se practicó en 1601 y 1643, y enviar un Síndico junto con los Diputados de los tres Órdenes; y aunque los dos primeros Órdenes no tienen el deber de otorgar al Tercero una representación numéricamente igual a las de los dichos dos Órdenes juntos, se comprometen a hacerlo para la delegación ante los Estados Generales de Francia, sin que esto suponga un antecedente para la formación de ninguna otra delegación futura, y asimismo a extender esta medida excepcional a la diputación que será enviada ante el Rey, a consecuencia de todo lo cual debe ser nombrado un Diputado del Orden del Clero, un Diputado de la Nobleza, dos Diputados del Tercer Estado, un Síndico y, a fin de que la Comisión represente aún mejor a los Estados, la Comisión recomienda incluir también un Secretario y un Ujier.

Los tres Órdenes procedieron a seleccionar a los Diputados. En consecuencia, el Clero designó al Señor de Bayona por aclamación; y la Nobleza, presente en el mismo Salón, demostró su satisfacción mediante reiteradas aclamaciones.

La Nobleza nombró al señor de Olhonce por aclamación; y el Clero presente en el mismo Salón expresó su satisfacción con repetidos aplausos.

Extracto del sumario de las deliberaciones de los Estados Generales

El Tercer Estado ha nombrado Diputados al Sr. Devivié y al Sr. Franchisteguy.

Los Estados han designado por aclamación a M. de Polverel Síndico de la Diputación.

M. de Polverel hijo [fue nombrado] Secretario.

Y el Sr. Lissonde hijo, del lugar de Cibits, que actualmente reside en París, Ujier de dicha Diputación.

Cotejado por nos.

Así firmado, SORHOUET, Secretario de los Estados del Reino de Navarra.

Extracto del sumario de las deliberaciones de los Estados Generales del Reino de Navarra del 5 de julio de 1789

Informe de los Comisionados encargados de examinar 1º. ¿Es apropiado que los Estados diputen ante los Estados Generales de Francia? 2º. ¿En qué forma tienen para diputar? 3º. ¿Cuál es la naturaleza de los poderes que se deben otorgar a los Diputados?

En lo que concierne a la primera pregunta, la Comisión ha concluido que Navarra podría sin lugar a dudas prescindir de diputar ante los Estados Generales de Francia, porque son sus Estados Generales quienes detentan el derecho de aprobar libremente los impuestos, aprobar Leyes y Reglamentos, y solicitar la sanción del Soberano; asimismo, porque según la Constitución de este Reino, los agravios deben ser reparados en el mismo Reino, por el Soberano o por el Comisionado designado en su lugar; porque Navarra es un reino distinto y separado del de Francia, por lo que no puede estar obligado de ningún modo por las deliberaciones de los Estados Generales de Francia; porque el Edicto de Unión suscrito en 1620 bajo el reinado de Luis XIII no modificó la Constitución de Navarra, y no pudo someterla a las Leyes hechas para Francia, ya que dicho Edicto no solo quedó sin efecto por la falta de consentimiento de los Estados Generales de Navarra, sino que incluso el Síndico de los Estados mostró su oposición en virtud de una deliberación de la Junta del

3 de noviembre de 1620; porque desde ese entonces, como antes, Navarra no ha dejado de ser un Reino distinto y separado; porque el propio Luis XIV reconoció la independencia de Navarra, ya que en 1649 y en 1651, habiendo resuelto convocar a los Estados Generales de Francia, se contentó con invitar a Navarra a enviarle Diputados; y los Estados hicieron uso de su libertad y determinaron no participar en los debates. Por tanto, los Estados puedan hoy, utilizando la misma facultad, prescindir de participar en la Asamblea de los Estados Generales de Francia, especialmente porque las Cartas de Convocatoria dirigidas a ellos les dan libertad a este respecto, lo cual les parece adecuado.

Aunque Navarra podría prescindir de enviar Diputados a los Estados Generales de Francia, parece apropiado e incluso necesario diputar en virtud de las siguientes razones: 1°. Porque es importante para Navarra no aislarse y no separarse de una Potencia con la que tiene relaciones de interés necesarias y, porque en un momento en el que la Nación Francesa se reúne para consultar con su Soberano sobre los medios para garantizar la prosperidad pública, restablecer el orden en las finanzas y corregir los abusos que imperan en las diferentes áreas de su administración, Navarra no puede ser indiferente a las determinaciones de los Estados Generales de Francia, cuyos resultados deben influir necesariamente en la felicidad de los navarros. 2°. Porque dado que Navarra está circunscrita dentro de límites demasiado estrechos como para poder defender, por sus propias fuerzas, sus derechos y libertades contra las acometidas de las autoridades arbitrarias que con demasiada frecuencia ha ignorado su Constitución, es inteligente unirse mediante una confederación a una Nación poderosa reunida para regular, en virtud de Leyes firmes, la felicidad y la libertad pública. Por estas razones es importante para Navarra unirse a los Diputados de las Provincias de Francia en la Asamblea Nacional pero, limitando adecuadamente los poderes de sus Diputados, su presencia en los Estados Generales no debe de ninguna manera violar la Constitución y los derechos particulares de este Reino.

En cuanto a la forma de la diputación, los Estados han decidido diputar ante el Rey mediante un miembro del Orden del Clero, uno de la Nobleza y dos del Tercer Estado, y unir a esta Comisión a un Síndico y, por lo mismo, la Comisión ha pensado que la delegación a los Estados Generales de Francia debe estar compuesta por los mismos Diputados y el mismo Síndico; el Síndico solicitará ser admitido indistintamente en las deliberaciones de los tres Órdenes de dichos Estados Generales [de Francia], y podrá hacer las interpelaciones que el interés de Navarra requiera, pero sin deliberar entre los Diputados de ese Reino, ya que no puede detentar un voto deliberativo en la Asamblea de los Estados Generales o en el Consejo de la Diputación, actuando siempre únicamente en calidad de consultante.

En cuanto a los poderes, la Comisión ha pensado que, en lo referente a los impuestos, dado que Navarra detenta el derecho de aprobar libremente en sus Estados Generales los donativos voluntarios que otorga al Rey, sus Diputados no pueden ser autorizados para deliberar sobre este objeto en los Estados Generales de Francia sin comprometer los derechos del Reino [de Navarra]; esto sería lo mismo que reconocer a los Estados Generales de Francia el poder de fijar el monto de los impuestos que debe soportar Navarra, y someterse a sus deliberaciones en esta materia, lo que sería absolutamente contrario a las franquezas y a la Constitución de este Reino; por estas razones, los poderes de los diputados en materia fiscal deben estar limitados a deliberar sobre los planes de mejora, ahorro y afianzamiento [del tesoro], ya que Navarra tiene un interés común con todas las Provincias de Francia, [y desea] que las finanzas están bien administradas, que se reduzcan los gastos superfluos y que se haga un uso más útil de los ingresos del Estado. En general, en todos los demás temas de naturaleza fiscal, los Diputados deben tener solo voz consultiva y deben recibir instrucciones para hacer interpelaciones a los Estados Generales [de Francia] a fin de familiarizarse con el estado de sus finanzas y las causas y el monto de su déficit.

También consideraron que los Diputados deberían recibir instrucciones para declarar ante los Estados Generales el deseo de los Estados [de Navarra] de que la Nación francesa se dote de una constitución lo suficientemente sabia, para que Navarra pueda algún día renunciar a la suya y unirse con Francia por lazos indisolubles, adoptando su régimen y sus leyes; pero que, hasta que no se alcance ese feliz día, que satisfaría los deseos de Navarra, esta no puede sacrificar una Constitución que garantiza su serenidad y su libertad; los Diputados deberán declarar además a los Estados Generales de Francia que Navarra está dispuesta a contribuir, en proporción a sus fuerzas, al alivio del Estado y a la liquidación de su deuda, una vez que haya sabido el monto de esta deuda y [tenga información suficiente] sobre el estado de las finanzas, reservándose el derecho de otorgar libremente donativos voluntarios a los Estados

Generales [de Francia], de conformidad con su Constitución. [Los Comisionados han considerado] finalmente que los Diputados serán apoderados para ofrecer a los Estados Generales de Francia el Auto por el cual Navarra se somete a adoptar la Ley Sálica sobre el orden de sucesión al trono.

En materia de legislación y administración, la Comisión ha pensado que los Diputados no deberían recibir ningún poder para deliberar sobre estos dos objetos. 1°. Navarra carece de interés a este respecto, ya que tiene derecho a tratar en sus Estados sobre su legislación con el Soberano, ya que ninguna Ley [francesa] puede tener poder ejecutorio en Navarra si no ha sido aprobada por los Estados Generales de este Reino; las Leyes que se aprobarán en los Estados Generales de Francia para las provincias de este Dominio son, por lo tanto, extrañas a Navarra, a menos que obtengan el consentimiento expreso de sus Estados. En cuanto a la administración, Navarra regula su administración particular en sus Estados Generales: puede participar en lo que se determine oportuno a este respecto en los Estados Generales de Francia, solo con el deseo y la esperanza de estar un día unida a esta Potencia. Así, en lo referente a estas dos materias, los Diputados solo podrán tener voz consultiva en el seno de los Estados Generales [de Francia].

La Comisión ha considerado que, en los asuntos sobre los cuales los Diputados tendrán el poder de deliberar, cada Miembro de su Orden puede votar libremente, sin estar limitado o tutelado por el decreto del Consejo de la Diputación.

Además, se ha pensado que los miembros de la Diputación deben prestar juramento a los Estados de no traspasar bajo ningún concepto los límites de los poderes que se les otorgan a no ser que sean autorizados en virtud de alguna decisión posterior de los Estados.

Finalmente, la Comisión considera que se debe establecer un Comité, compuesto por tres miembros de cada Orden y el Síndico general de los Estados, responsable de la correspondencia con los Diputados de los Estados Generales y de enviarles todas las instrucciones y resúmenes que puedan solicitar; la Comisión considera que, en los puntos más difíciles, y sobre los cuales el Comité no pueda fijar una postura, tendrá que solicitar la convocatoria de la Junta para ser informado sobre dichas materias; asimismo, los Diputados suplicarán muy humildemente a Su Majestad que devuelva a Navarra el derecho constitucional de reunirse en Junta cuando el bien del Reino lo requiera.

La Comisión consideró además que sería apropiado que el Comité a cargo de la correspondencia estuviera compuesto por los mismos Miembros designados para tratar el nuevo plan de legislación que se propondrá a Su Majestad.

HABIENDO DELIBERADO, la opinión de la Comisión fue transmitida por los Estados.

Cotejado por nos,

Así firmado, SORHOUET, Secretario de los Estados del Reino de Navarra.

Carta al presidente de la Asamblea Nacional de Francia del 12 de octubre de 1789

Leída en la Asamblea, en la sesión del lunes por la mañana, 12 de octubre de 1789.

Señor Presidente,

La delegación de los Estados de Navarra le ruega que tenga la amabilidad de hacer llegar a la Asamblea Nacional la Memoria adjunta: la cuestión que la originó y que debe debatirse esta mañana es de capital importancia para Francia y para Navarra. Si esta Memoria contiene alguna afirmación que requiera más pruebas positivas o un mayor desarrollo, estaré a las órdenes de la Asamblea Nacional y les haré llegar, ya sea oralmente o por escrito, todas las explicaciones necesarias.

Si la diputación de Navarra se hubiera presentado ante la Asamblea Nacional, y si hubiera sido recibida, es probable que la cuestión de suprimir el título de Rey de Navarra no hubiera sido un tema de discusión. O bien la delegación se habría presentado con poderes ilimitados, y posteriormente Navarra se habría declarado miembro del Reino de Francia; y entonces [la Asamblea] podría haber eliminado el título de Rey de Navarra, ya que los Navarros habrían sido incluidos bajo la denominación de Franceses. O habría recibido a la Diputación de Navarra con poderes limitados, y en la forma en que los Estados de Navarra la habían organizado y [la Asamblea] habría determinado, porque lo habría visto, que Navarra no era miembro del Reino de Francia y en consecuencia habría sabido que era necesario preservar el título de Rey de Navarra junto al de Rey de los franceses.

El mal [que se ha infringido] a los asuntos públicos no es irreparable, ya que la Asamblea Nacional aún no ha decretado nada en lo que concierne a los dos Reinos.

Asimismo, esperamos que no se precipite en su juicio sobre la conducta de los Estados de Navarra y de su Diputación a este respecto.

La Diputación ha estado en Versalles desde finales de julio. Todavía no ha presentado sus credenciales a la auditoría; y se ha expresado en el seno de la Asamblea Nacional que estaba allí para sondear el terreno. La expresión es vaga, insignificante, pero sugiere cierta falta de confianza. Ni Navarra ni sus Diputados pueden dejar de explicarse. Dado que no estamos aquí para defendernos, nos atrevemos a esperar, señor Presidente, que la Asamblea Nacional se digne a escuchar con cierto interés el informe que estamos a punto de presentar sobre la conducta de los Estados de Navarra y su diputación.

El interés y el deseo de Navarra es el de unirse indisolublemente a Francia. Sus Estados expresaron su deseo en los poderes que otorgaron a sus Diputados. Motivan este deseo la soledad de Navarra, y la necesidad que tiene de contar con el apoyo de una Nación libre y poderosa, a fin de proteger su libertad contra las maniobras de una autoridad arbitraria.

Dieron prueba inequívoca de la sinceridad de este deseo. El orden de sucesión a la Corona de Navarra llamaba a las hembras a falta de varones, no obstante, a fin de que ningún hecho pudiera separarlos del Reino de Francia, hicieron lo que nadie les había pedido, lo que solo ellos podían hacer, adoptaron la Ley Sálica en relación al orden de sucesión de la Corona de Navarra; y empoderaron a su delegación para que presentase este Auto a la Asamblea Nacional de Francia.

Pero Navarra tiene una buena constitución. El poder legislativo reside en sus Estados Generales. Ningún impuesto puede ser recaudado o exigido en Navarra si no es aprobado por sus Estados; y todavía es incierto si Francia logrará dotarse de una buena constitución.

Los Estados de Navarra no dudan de que en el siglo XVIII la élite de la nación más ilustrada del universo no pueda hacer mucho más por la libertad pública de lo que lo hizo en el siglo VIII en Navarra y en Francia. Pero era natural tener cierto recelo, ya que con M. Necker *las ambiciones, las vanidades y los diversos medios con los que contaba del Gobierno le daban el poder de cautivar los espíritus en virtud de muy diferentes intereses.*

Ante esta incertidumbre, los Estados de Navarra razonaron que tan solo deberían confundirse con Francia y renunciar a su constitución cuando Francia pudiera ofrecerles una constitución tan buena como la suya. Mientras tanto, ofrecieron y solicitaron a la Asamblea Nacional de Francia un tratado federal.

Este era nuestro mandato ante la Asamblea Nacional. No teníamos voto deliberativo sobre la constitución, la legislación o materia fiscal, porque los Estados temían que, si nos autorizaban a deliberar sobre estos puntos en la Asamblea Nacional, se podría inferir que deseaban renunciar a su constitución, a su poder legislativo y a su derecho exclusivo en materia fiscal.

Por otro lado, la Asamblea Nacional, mediante su decreto del 19 de junio, había declarado su derecho exclusivo de imponer impuestos a todas las provincias del Reino, cualquiera que fuera la forma de su administración.

La Asamblea había declarado el 4 de agosto que los privilegios especiales de las provincias, *principados*, pueblos, cuerpos y comunidades de habitantes, ya fueran pecuniarios o de cualquier otra naturaleza, fueran abolidos para siempre, confundidos en la ley común de los franceses.

Finalmente, se nos informó asimismo sobre los principios de la Asamblea Nacional en materia de nulidad de las estipulaciones y, sobre los límites y las cláusulas imperativas de los mandatos.

Entonces tuvimos la certeza moral de no ser recibidos en la Asamblea Nacional o de ser recibidos solo a costa de rectificar nuestros poderes; o que, si fuéramos recibidos sin que nuestros poderes fueran examinados o cuestionados, nuestra presencia sería considerada únicamente como un acto de adhesión a los decretos de la Asamblea Nacional y como la renuncia de Navarra a su constitución, su independencia y sus privilegios.

En el primer supuesto, era mejor no presentarnos que presentarnos con la certeza de no ser recibidos.

En el segundo, dado que en cualquier caso era necesario modificar los poderes, y dado que este cambio solo podía ser autorizado por los Estados reunidos, era mejor preservar los derechos de Navarra intactos, y dejar a los Estados la libertad absoluta de dotarnos de poderes ilimitados, o de eliminar los antiguos límites, sin exponernos a violar de algún modo los deseos de los Estados.

En el tercero, no podríamos presentarnos sin comprometer los derechos de Navarra, sin aparentar dar, en nombre de nuestros Comisionados, un consentimiento desautorizado por nuestro mandato.

Para poner fin a este estado de perplejidad, pensamos que era necesario rogar al Rey que volviera a consultar el deseo de los Estados Generales de Navarra sobre la adhesión o no adhesión a los Decretos de la Asamblea Nacional. Hemos obtenido de Su Majestad una convocatoria extraordinaria de los Estados.

Pero nuevos acontecimientos, sin nuestro conocimiento, provocaron que el Rey revocara la orden, y el Ministro disolvió los Estados de Navarra tres días después de su apertura, sin darles tiempo para deliberar.

Esa, señor Presidente, es la conducta de nuestros comisarios y la nuestra. La nuestra fue ordenada por los Estados, la de los Estados por la prudencia. Pero en la nuestra y en la de ellos, la Asamblea Nacional solo puede ver la lealtad y la franqueza y, sobre todo, el deseo más ardiente de unirse para siempre con Francia, que ha abrazado la libertad.

Quizás esta unión ya se habría consumado si el ministerio no hubiese decidido de modo inconcebible disolver los Estados.

Con el más profundo respeto,
Señor Presidente,
Su muy humilde y muy obediente,

POLVEREL, Síndico del Reino de Navarra,

Versalles, 12 de octubre de 1789.

Informe sobre el proyecto para eliminar el título del Rey de Navarra

Leído en la Asamblea Nacional, lunes 12 de octubre de 1789.

El título de *Rey de los Franceses* es probablemente el más hermoso que puede detentar un Monarca. ¿Pero pueden Luis XVI y sus sucesores, sin inconvenientes, desdeñar el de Rey de Navarra?

Antes de decidir sobre un tema de tal importancia, se le pide a la Asamblea Nacional de Francia que considere los siguientes hechos:

El Reino de Navarra nunca ha sido una estado vasallo o dependiente del Reino de Francia, ni de ninguna otra potencia. Por el contrario, el Ducado de Vasconia fue antiguamente una dependencia del Reino de Navarra.

Fernando el Católico invadió la alta Navarra a principios del siglo XVI. La baja Navarra fue preservada por sus soberanos legítimos y por el coraje y la fidelidad de sus habitantes. Navarra se dividió en dos Reinos; uno injustamente poseído por los Españoles; el otro bajo la Casa de Albret, transmitido a Enrique IV por Juana de Albret, su madre.

La Casa de Albret exigió persistentemente, pero sin éxito, la devolución de la alta Navarra.

Enrique IV protestó formalmente en 1598, en virtud del Artículo 2.3 del Tratado de Vervins, contra toda prescripción y lapso de tiempo relacionado con [la pérdida de] la alta Navarra, y se reservó el derecho de proseguir realizando actuaciones judiciales.

Luis XIV renovó esta demanda en 1659, por medio del artículo 89 del Tratado de los Pirineos.

¿Quiere la Nación francesa que Luis XVI renuncie a un derecho que le pertenece de forma incontestable? La usurpación de la alta Navarra por parte de Fernando el Católico es tan evidente que los historiadores y publicistas españoles ni siquiera se atreven a justificarla.

Si la Nación francesa no quiere que Luis XVI y sus sucesores renuncien a sus derechos sobre la alta Navarra, debe dejarles el título de Rey de Navarra porque es como *Rey de Navarra*, y no como *Rey de los franceses*, que los descendientes de Enrique IV tienen derecho a la alta Navarra.

Debido al desmembramiento de Navarra la porción que permaneció en la casa de Albret pasó a ser un Reino muy pequeño, pero no se convirtió en la dependencia de ningún otro Reino. Nadie se atrevería a decir que la baja Navarra era miembro o dependencia del Reino de Francia antes de la adhesión de Enrique IV al trono de Francia.

¿Se ha convertido [en una dependencia del Reino de Francia] con posterioridad?

Algunos escribanos del fisco han afirmado que la unión de la baja Navarra al dominio de la Corona de Francia se materializó por derecho en virtud de la adhesión de Enrique IV al trono de Francia. Estos escritores han antepuesto el derecho público de Francia al derecho de gentes. Juzgaron a las Soberanías independientes de Francia en virtud de principios que solo eran aplicables a las propiedades dependientes del Reino de Francia.

Antes de ascender al trono de Francia Enrique IV era el dueño:

1. Del Reino de Navarra, la Soberanía de Bearne y las Soberanías de Andorra y Donezan.
2. Varios ducados, condados, vizcondes, baronías y otros señoríos propiedad de la corona francesa.

Con anterioridad a ese momento no se conocía en Francia el principio en virtud del cual se une por ley el patrimonio que perteneció al Príncipe a su advenimiento a la corona al Dominio [de la corona].

Este nuevo principio fue ignorado durante dieciocho años por Enrique IV, e incluso por los Parlamentos de Toulouse y Burdeos. Finalmente fue consagrado en virtud del Edicto de 1607.

Este edicto declaró que *los ducados, condados, vizcondados, baronías y otros señoríos ADSCRITOS [MOUVANTES] A LA CORONA DE FRANCIA UNIDOS AL DOMINIO [de la misma] desde la adhesión de Enrique IV a la corona de Francia, habían adquirido la misma naturaleza y condición que el resto de sus antiguos Dominios.*

Por lo tanto, es muy cierto que, según las leyes modernas del Reino de Francia, si el Príncipe que asciende al trono de Francia tiene un patrimonio ADSCRITO [*MOUVANTE*] A ESTA CORONA, este patrimonio está unido por derecho al dominio de la Corona.

Pero no es cierto que esta unión de derecho tenga lugar con respecto a los Reinos y Soberanías independientes de la Corona francesa.

La edición de 1607 declara esta unión como de derecho solo para los Señoríos ADSCRITOS [*MOUVANTES*] A LA CORONA DE FRANCIA. No habla de los Reinos y Soberanías independientes de esta corona.

Francia conocía hace dos siglos como conoce hoy cuál es la diferencia entre el derecho civil de cada pueblo y el derecho de gentes, que es común a todas las naciones.

Francia conoce que cada pueblo puede únicamente imponer leyes sobre sus súbditos y su territorio, a diferencia del derecho de gentes que une a todos los pueblos entre sí.

Francia conoce que un pueblo no puede someter a otro a sus leyes, excepto por derecho de conquista o por convención; que la baja Navarra nunca ha sido conquistada por Francia, y que nunca ha consentido que su soberanía esté sujeta a las leyes de Francia.

Francia conoce que ninguna Corona, y la de Francia menos que las demás, tiene la prerrogativa de atraer, incorporar y unirse a un país extranjero y soberano.

Es porque Francia conoce todo esto y porque respeta el derecho de soberanía independiente, que el edicto de 1607 creó el principio de unión por derecho solo para los Señoríos ADSCRITOS [*MOUVANTES*] A LA CORONA.

Fue por ello por lo que la Baja Navarra y las otras tres Soberanías no adscritas a la corona no se unieron por derecho [a Francia] tras la adhesión de Enrique IV al trono de Francia.

Fue por ello por lo que Luis XIII pensó que era necesario sancionar un nuevo Edicto para ordenar esta unión.

No declaró por medio de este Edicto que la unión había sido consumada por derecho en virtud del advenimiento de Enrique IV al trono de Francia, sino que unió e incorporó [Navarra a Francia], lo que supone que la unión no se había materializado con anterioridad al Edicto.

Este Edicto de Unión de Navarra, y de otras Soberanías no adscritas, es del mes de octubre de 1620.

¿Podría Luis XIII unir la baja Navarra a la Corona de Francia sin el consentimiento de los Estados Generales de Navarra? ¿Los Estados Generales de Navarra dieron su consentimiento a la unión ordenada por Luis XIII?

En virtud del derecho de gentes o, mejor dicho, por la ley de la naturaleza, un rey no puede someter a su pueblo contra su voluntad a la soberanía extranjera.

En virtud de una de las leyes fundamentales del Reino de Navarra, el Rey no puede aprobar ninguna ley sin el consentimiento y la voluntad de los Estados Generales del Reino.

Y por otra ley fundamental del mismo Reino, el Rey no puede hacer una unión, anexión o incorporación de su Reino con otro Reino o territorio: y si lo hiciera, el juramento de los Reyes de Navarra expresa que todo será nulo y sin efecto ni valor.

A pesar de haber conquistado Navarra, Fernando el Católico respetó estas leyes fundamentales con respecto a la alta Navarra.

Deseaba unir su conquista con el reino de Aragón, del cual era el dueño. Deseaba transmitir los dos Reinos unido a los descendientes que esperaba tener de Germaine de Foix, su esposa. Los Estados Generales de la alta Navarra rechazaron esta unión. Solo se unirían al Reino de Castilla, del cual Fernando solo era administrador. Fernando se vio obligado a ceder, y la alta Navarra se unió al Reino de Castilla.

La baja Navarra, por haberse conservado bajo sus soberanos legítimos, no merece estar en peor condición que la alta Navarra, que había sido conquistada.

Luis XIII, ni ninguno de sus sucesores, ni ningún otro poder, podrían por tanto unir válidamente a la baja Navarra con la Corona de Francia sin el consentimiento de los Estados Generales de Navarra.

El Edicto de Unión del mes de octubre de 1620 es por tanto nulo y sin efecto ni valor porque los Estados Generales de Navarra no nunca dieron su consentimiento a la unión.

Pero no solo no dieron su consentimiento, sino que protestaron contra el Edicto de Unión cuatro días después de su publicación. Enviaron una delegación a Luis XIII para exigir que este Edicto se declarase nulo y sin efecto y perseveraron durante 169 años en su reivindicación.

La baja Navarra nunca se ha unido válidamente a la Corona francesa. Navarra nunca ha sido miembro ni una dependencia del Reino de Francia. En consecuencia, siempre ha seguido siendo un Reino separado e independiente del Reino de Francia.

Luis XIV reconoció esta distinción e independencia recíproca de los dos Reinos y la nulidad del Edicto de Unión cuando, respondiendo a los agravios que los

Estados Generales de Navarra le presentaron en 1672, les prometió enviar en el futuro sus órdenes a Navarra por separado de cualquier otro país, e incluso por separado del Bearne, a pesar de que el Edicto de 1620 había unido a estas dos Soberanías en una sola Corte soberana.

El Rey era muy consciente de la independencia recíproca de los dos Reinos cuando, después de haber ordenado en dos ocasiones el año 1649 que los Estados Generales de Navarra enviaran Diputados a los Estados Generales de Francia, recibió una doble negativa de su parte. En 1651 les envió, no una orden, sino una *invitación* para nombrar Diputados, y declaró que los invitaba a asistir *para no disgustarlos, y que hicieran uso de la invitación como les pareciera más conveniente.*

Luis XVI reconoció asimismo formalmente esta independencia recíproca de los dos Reinos.

Sus Ministros, en su nombre, ordenaron a Navarra que enviara Diputados a los Estados Generales del Reino de Francia y que les otorgaran poderes generales y suficientes para suscribir todos los impuestos que se aprobasen, y todos los actos de legislación y administración que se sancionasen en los Estados Generales de Francia.

Enviaron la orden de Diputar al Senescal de Navarra adjuntando un Reglamento que asimilaba Navarra a las provincias del Reino de Francia en lo referente a los Órdenes y la forma de diputar.

Los Estados Generales protestaron contra esta forma de convocatoria, y fue declarada *ilegal, anticonstitucional e irregular en relación con el Reino de Navarra.*

Y Luis XVI reparó el error de sus ministros. Revocó la carta de convocatoria dirigida al Senescal. Envió una nueva carta de convocatoria a los Estados Generales del Reino de Navarra. Ya no les ordenó que enviaran Diputados a los Estados Generales del Reino de Francia, solo los *invitó* a acudir. Los autorizó a someter a esta Diputación y a los poderes de sus Diputados a las condiciones y restricciones necesarias para la preservación de la constitución del Reino de Navarra y de los derechos y franquicias de los Navarros.

Luis XVI, por tanto, reconoció que la Baja Navarra era independiente del Reino de Francia, y que no formaba parte de él, y que reconocía que tenía libertad para enviar o no enviar Diputados a los Estados Generales del Reino de Francia, y que [este Reino] no debe estar sujeto a las normas establecidas para las provincias del Reino de Francia, ya sea en la forma de diputar o en la naturaleza de los poderes [otorgados a sus Diputados].

Pero si la Baja Navarra nunca se ha unido legítimamente al Reino de Francia, si nunca ha sido miembro ni la dependencia del Reino de Francia, si siempre ha seguido siendo un Reino separado del Reino de Francia; en una palabra, si estos dos Reinos no tenían nada más en común que estar sometidos al mismo Rey, no es como *Reyes de Francia*, o como *Reyes de los franceses*, sino solo como *Reyes de Navarra* que los descendientes de Enrique IV tienen derecho a gobernar la baja Navarra.

Privar de sus títulos a los Reyes de Navarra significaría declarar que renuncian a todos sus derechos con respecto a la baja Navarra.

No es posible que Luis XVI desee este cruel divorcio. El amor, el respeto y la fidelidad de los navarros por la sangre de Enrique IV nunca se quebró. Nunca merecieron que sus descendientes los repudiaran.

Francia no puede desear este divorcio. La baja Navarra, a pesar de la pequeña extensión de su territorio, a pesar de la esterilidad de su suelo y la pobreza de sus habitantes es, sin embargo, el Boulevard de Francia hacia España.

La alta Navarra, aunque conquistada por los españoles, aunque unida al Reino de Castilla por el consentimiento de sus Estados, no se considera una provincia del Reino de Castilla. Siempre ha sido un Reino independiente con respecto de Castilla, y subsistente por sí mismo.

La unión se materializó solo bajo esta condición. Esto se llama unión *æque principaliter*. Así, Provenza se unió a la Corona de Francia bajo la condición de no estar bajo ningún concepto subordinada ni a la Corona ni al Reino.

Los Reyes de España han reconocido más de una vez, a petición de los Estados de la alta Navarra, que no pueden suprimir sus títulos de Reyes de Navarra, ni suprimir los símbolos del Reino de Navarra de sus sellos y sus escudos.

¿Por qué la baja Navarra debe degradarse más que la alta? Nunca ha sido conquistada, nunca se ha unido legalmente a ningún otro Reino, nunca ha consentido ninguna clase de unión; y no se puede hacer una unión sin su consentimiento.

Tal vez Provenza, Bearne, Andorra o Donezan consintieron su incorporación absoluta en la Corona de Francia. Si esto es así, la Asamblea Nacional de Francia está facultada para desarticular los títulos de estas Soberanías.

La baja Navarra también podrá unirse a Francia algún día. La sabiduría de los decretos de la Asamblea Nacional de Francia y la solidez de las primeras bases que ha establecido pueden incluso hacernos predecir que este día no está lejos. Luego, la Asamblea Nacional de Francia, que también se convertirá en la de la baja Navarra, podrá confundir a los dos Reinos bajo un mismo título, porque solo entonces habrá únicamente Franceses.

Pero la baja Navarra aún no ha consentido esta unión; y hasta que haya consentido, el título de su independencia debe subsistir. Una Nación que quiere ser libre, y que sin duda lo quiere ser durante largo tiempo, no comenzará por atacar la libertad de los demás.

Firmado, POLVEREL, Síndico, Diputado del Reino de Navarra.

Editorial Vasca Ekin Argitaletxea

Títulos publicados – Argitaratutako lanak

Euskal idaztiak

1	Joañixio	1946	Juan A. Irazusta
2	Ekaitzpean	1948	Jose Eizagirre
3	Bizia garratza da	1950	Juan A. Irazusta
4	Hamlet	1952	William Shakespeare (Bingen Ametzagak euskaratuta)
5	Kolonbiar olerti-txorta euzkeraz - Parnaso colombiano en euzkera	1968	
6	Gure Urretxindorra, Enbeita'tar Kepa	1971	Santiago Onaindia
7	Euskaldunak Argentina'n	1972	Erramun Joxe Zubillaga

Biblioteca de Cultura Vasca – Euskal Kultura Bilduma

1	El genio de Nabarra	1942	Arturo Campión y Jaime-Bon
2	Primitivos navegantes vascos	1942	Enrique de Gandía
3	Viajeros extranjeros en Vasconia	1942	Eneko Mitxelena

4	Pinceladas vascas	1942	Pierre Loti, Arturo Campión, Juan Iturralde y Suit
5	La aportación vasca al derecho internacional	1942	Jesús Galíndez
6	El Conde Peñaflorida y los Caballeritos de Azkoitia	1942	Jose Aralar
7	La democracia en Euzkadi I	1942	Jose Ariztimuño
8	La democracia en Euzkadi II	1942	Jose Ariztimuño
9	De música vasca	1943	Aita Donostia, Francisco Madina
10	Orígenes prearios del Pueblo Vasco	1943	Enrique Gandía
11	La lengua vasca: Gramática, conversación y diccionario I	1943	Ixaka Lopez Mendizabal
12	La lengua vasca: Gramática, conversación y diccionario II	1943	Ixaka Lopez Mendizabal
13	Los vascos en el Uruguay	1943	Tomás Otaegui
14	En el Pirineo Vasco	1943	Martín Anguiozar
15	Los adversarios de la libertad vasca, 1794-1829 I	1944	Jose Aralar
16	Los adversarios de la libertad vasca, 1794-1829 I	1944	Jose Aralar
17	Estampas Vascas	1944	Constantino Esla

18	Riqueza y economía del País Vasco	1945	Andoni Soraluze
19	Corsarios y colonizadores vascos	1945	Michel Iriart
20	Instituciones jurídicas vascas	1945	Manuel Irujo
21	Breve historia del País Vasco	1945	Ixaka Lopez Mendizabal
22	Ignacio de Loyola y Francisco de Xabier I	1945	Pedro Basaldua
23	Ignacio de Loyola y Francisco de Xabier II	1945	Pedro Basaldua
24	El País Vasco: Descripción general I	1946	Ixaka Lopez Mendizabal
25	El País Vasco: Descripción general II	1946	Ixaka Lopez Mendizabal
26	Los vascos y las cruzadas	1946	A. de Lizarra (Andrés Irujo)
27	El derecho vasco I	1947	Jesús Galíndez
28	El derecho vasco I	1947	Jesús Galíndez
29	Arquitectura popular y grafía y ornamentación de la rotulación vasca I	1947	Pablo Zabalo, John Zabalo
30	Arquitectura popular y grafía y ornamentación de la rotulación vasca II	1947	Pablo Zabalo, John Zabalo
31	Pintores vascos y no vascos	1947	Mauricio Flores Kaperotxipi
32	La Compañía Guipuzcoana de Caracas	1948	Jose Estornes Lasa
33	Flor de canciones populares vascas I	1948	Jorge Riezu

34	Flor de canciones populares vascas II	1948	Jorge Riezu
35	La victoria de Munguía y la reconciliación de Oñazinos y Gamboínos	1949	Jose Aralar
36	Corografía de Guipúzcoa	1950	Manuel Larramendi
37	Domingo Garat, el defensor del Biltzar	1951	Isidoro Fagoaga
38	Estudios sobre la poesía vasca	1951	Jesús M. Leizaola
39	Estética vasca	1952	Bernardo Estornes Lasa
40	Francisco de Vitoria y el Nuevo Mundo	1952	Enrique Gandia
41	Blancos y Negros (Guerra en la paz)	1952	Arturo Campión y Jaime-Bon
42	El hombre prehistórico en el País Vasco	1953	Joxe Migel Barandiaran
43	Teatro vasco: El Bardo de Itzaltzu. El árbol dio una canción. Mujeres en Berrigorria	1954	Víctor Ruiz de Añibarro
44	Arte vasco: Pintura, escultura, dibujo y grabado	1954	Mauricio Flores Kaperotxipi
45	La conquista de Nabarra en el panorama europeo	1956	Prosper Boissonnade
46	La conquista de Nabarra II	1957	Prosper Boissonnade
47	La conquista de Nabarra III	1957	Prosper Boissonnade

48	La conquista de Nabarra IV	1961	Prosper Boissonnade
49	Amaya o los vascos en el siglo VIII	1957	F. Navarro Villoslada (versión reducida por Lore de Gamboa)
50	La tierra de Ayala y su fuero	1957	Jesús Galíndez
51	Vascos en Cuba	1958	Jon Bilbao
52	Sor Juana Inés de la Cruz (claro en la selva)	1958	Cecilia G. de Guilarte
53	Eneko Aritza, fundador del Reino de Pamplona	1959	Bernardo Estornes Lasa
54	Gure aditza (El verbo vasco)	1960	Bonifacio de Ataun
55	La crónica de la poesía popular vasca	1961	Jesús M. Leizaola
56	Sancho el Mayor rey de los vascos I	1962	Analecto de Ortueta
57	Sancho el Mayor rey de los vascos II	1963	Analecto de Ortueta
58	Gernikako arbola	1963	Enrique García Velloso (traducción de Txomin Iakakortexarena)
59	Iztegi. Erdera-euskera (castellano y vasco)	1964	
60	Iztegi. Euskera-erdera (vasco y castellano)	1964	
61	1808-1810 en la poesía popular vasca	1965	Jesús M. Leizaola

62	Colonizadores de la epopeya americana	1966	Xamurre
63	Unamuno y el vascuence	1966	Martin Ugalde
64	El hombre vasco	1967	Bingen Ametzaga
65	Lo vasco en Pío Baroja	1968	Eloy Placer
66	Romances vascos y literatura prehistórica	1969	Jesús M. Leizaola
67	Nabarra en su vida histórica	1971	Arturo Campión y Jaime-Bon
68	Y sucedió en la tierra de mi padre...	1972	Felisa Carmen Echevarría
69	Martín Fierro - Matxin Burdin	1972	José Hernández (traducción de Txomin Iakakortexarena
70	Acontecimientos del siglo XX y su influencia en la poesía vasca	1974	Jesús M. Leizaola
71	Los vascos gauchos	1975	Juan Goyechea
72	Cartas de tierra adentro	1977	José M. Garciarena
73	El refranero vasco antiguo en la poesía euskérica	1978	Jesús M. Leizaola
74	"Cristiano bueno". Contribución al conocimiento de la historia de nuestra Pampa	1991	Horacio Aranburu
75	Contraviaje. De Nueva York a Gernika pasando por Berlín	2015	Arantzazu Ametzaga

76	La historia de Radio Euskadi (guerra, resistencia, exilio, democracia)	2015	Leyre Arrieta
77	Martin Ugalde. Cartografías de un discurso	2015	Larraitz Ariznabarrieta
78	La odisea de Xabiertxo: El último paquebote	2016	Koldo Ordozgoiti
79	Diasporako bertsoak	2016	Asier Barandiaran
80	Estudio de las pinturas murales góticas de San Salvador de Gallipienzo	2017	Eneko Tuduri
81	778. La batalla de Errozabal en su contexto histórico	2018	Xabier Irujo
82	Protocolos sobre la independencia del Reino de Navarra y sus relaciones con Francia	2019	Xabier Irujo

Otras publicaciones - Beste argitalpenak

1	De Guernica a Nueva York pasando por Berlín	1942 1944	José Antonio Agirre
2	Cultura biológica y arte de traducir	1943	Justo Garate
3	Cinco conferencias pronunciadas en un viaje por América	1944	Jose Antonio Agirre

4	Los vascos y la República Española. Contribución a la historia de la Guerra civil	1944	A. de Lizarra (Andrés Irujo)
5	Argentina: Una nueva y gloriosa nación	1944	José C. Vidaurreta
6	Recital	1944	José C. Vidaurreta
7	Con los alemanes en París	1945	Pedro Basaldua
8	La Comunidad Ibérica de Naciones	1945	Armando Cortesao, Luis Araquistain, Manuel Irujo, Carles Pi i Sunyer
9	Inglaterra y los vascos	1945	Manuel Irujo
10	Principales conflictos de leyes en la América actual	1945	Jesús Galíndez
11	Rosas de Nínive. Comentarios sobre el libro de Jonás	1945	Gabriel Biurrun Garmendia
12	Los vascos en el Madrid sitiado	1945	Jesús Galíndez
13	De Vasconia a Buenos Aires. Historia de una inmigración en el siglo XIX	1945	A. Garaicoechea
14	Pedro Garat, el Orfeo de Francia	1948	Fagoaga, Isidoro
15	¿Para qué...? De Alfonso XIII a Juan III	1951	Juan Antonio Ansaldo

16	País Vasco y Estado Español: La solución Argelina	1951	Juan José Guaresti
17	Estampas de la Guerra	1951	Jesús Galíndez
18	A la sombra del Aitzgorri	1951	Olarso
19	El libertador vasco Sabino Arana Goiri	1953	Pedro Basaldua
20	En defensa de la verdad (Refutación a Mons. Francheschi)	1956	Pedro Basaldua
21	Gudaris. Recuerdos de guerra	1956	Sancho de Beurko (Luis Ruiz de Aguirre)
22	Bere idazkiak	1962	Norbert Tauer
23	Fin de la dinastía Pirenaica. El reinado de Sancho el Fuerte	1966	Jose Antonio Agirre
24	Hombre de paz en la guerra	1973	Alberto Onaindia
25	Experiencias del exilio II	1973	Alberto Onaindia
26	La iglesia como problema en el País Vasco	1973	Manu Elu Lipuzkoa
27	Economía política	1977	Juan José Guaresti
28	Un vasco en el ministerio de justicia. Memorias 1	1978	Manuel Irujo
29	Un vasco en el ministerio de justicia. Memorias 2. La cuestión religiosa. Primera parte	1978	Manuel Irujo

30	Un vasco en el ministerio de justicia. Memorias 2. La cuestión religiosa. Segunda parte	1979	Manuel Irujo

Colección Aberri ta Askatasuna bilduma

1	Gramática vasca abreviada	1957	Ixaka Lopez Mendizabal
2	Ami vasco	1957	Fray Evangelista de Ibero
3	El asesino de los fueros	1957	Un navarro de la Ribera
4	Euzko Ami	1957	Fray Evangelista de Ibero
5	El caso del clero vasco	1957	Iñaki Aspiazu
6	Zure anaia ixilkari	1961	
7	Tu hermano de la clandestinidad	1961	
8	Jóvenes de mañana	1969	Alberto Onaindia
9	Aurreruntz - Porvenir	1975	
10	778. La batalla de Errozabal: De la Crónica al Cantar	2019	Xabier Irujo

Made in the USA
Monee, IL
18 October 2026

66039174R00111